国际贸易的数字化转型和对策研究

张春莲◎著

文化发展出版社
Cultural Development Press
·北京·

图书在版编目（CIP）数据

国际贸易的数字化转型和对策研究 / 张春莲著．—
北京 ：文化发展出版社，2023.10
ISBN 978-7-5142-4125-9

Ⅰ．①国… Ⅱ．①张… Ⅲ．①国际贸易－数字化－研究 Ⅳ．① F74-39

中国国家版本馆 CIP 数据核字 (2023) 第 207523 号

国际贸易的数字化转型和对策研究

张春莲 著

出 版 人：宋 娜
责任编辑：张宝平　　责任校对：侯 娜
责任印制：邓辉明　　封面设计：守正文化
出版发行：文化发展出版社（北京市翠微路 2 号 邮编：100036）
网 址：www.wenhuafazhan.com
经 销：全国新华书店
印 刷：天津和萱印刷有限公司

开 本：710mm × 1000mm 1/16
字 数：220 千字
印 张：12.25
版 次：2024 年 3 月第 1 版
印 次：2024 年 3 月第 1 次印刷

定 价：72.00 元
I S B N：978-7-5142-4125-9

◆ 如有印装质量问题，请电话联系：010-58484999

作者简介

张春莲，女，1983 年 1 月出生，江苏省邳州市人，毕业于哈尔滨工业大学，硕士研究生学历，现任职于广东白云学院讲师，中级经济师。多次被评为校级中青年骨干教师，曾荣获优秀教师、优秀党员、优秀奋斗者等称号。研究方向为国际贸易、数字经济和企业创新。主持广东省教育厅青年创新人才类项目 1 项（2018WQNCX199），本书也是此项目的研究成果之一；主持及参与省、市、校等教科研项目十余项，公开发表教科研论文十余篇，参编教材 3 部。

前　言

当前社会科技迅猛发展，以信息技术为代表的高新技术产业，带来了新一轮的产业革命，极大地改变了社会的生产方式以及人们的生活方式，同时也使经济飞速增长，很多新鲜事物在这个过程中随之应运而生，数字经济就是其中之一。数字经济从出现到如今的空前繁荣，不过只经历了短短的几十年，却已经为我国带来了数万亿的市场规模，成为拉动经济增长的重要引擎。在前所未有的数字化进程中，国际贸易凭借“数字化”“虚拟化”和“非接触”的特征，不仅使得更多的交易主体参与国际贸易活动中，进一步打破了时空界限，紧密连接起了贸易活动的各个环节，成为当今全球贸易发展的重要驱动力，而且成为世界各国关注的焦点。

人类国际贸易的历史就是一部分工和解绑的历史，全球范围内的分工和资源配置驱动国际贸易不断发展，同时与贸易相关的各个环节都和贸易不断解绑。首先是生产环节和贸易环节逐渐解绑，反映了产业内贸易、价值链贸易在国际贸易中的份额不断增加；其次是服务从贸易中解绑出来，无论是贸易前端的营销服务，还是履约交付环节的运输物流、金融支付、通关检验等服务，都逐渐从贸易中解绑；最后，随着数字技术和数字工具的应用普及，未来更多的贸易环节、生产环节、研发环节和服务环节将被数字化解构和重新组合。2019 年 11 月，中国共产党中央委员会、中华人民共和国国务院发布《关于推进贸易高质量发展的指导意见》，其展现了我国加快推进数字贸易发展的决心。2021 年 10 月，中华人民共和国商务部印发《“十四五”服务贸易发展规划》，将“数字贸易”纳入我国的发展规划，明确了数字贸易的地位，指明了未来贸易发展的方向。我国作为全球经济的重要一环，在国际贸易环境发生巨大改变的背景下，如何牢牢把握数字贸易发展机会，争取成为数字贸易时代的引领者，事关未来国家发展大局。

无论是通过数字化实现的国际贸易、以跨境电商为代表的外贸新业态新模式，还是对外贸易进入数字化时代必须要经历的贸易数字化，未来最终的贸易形态都是数字化贸易。数字化贸易就是建立线上线下一体化、货物和服务一体化、国内国外一体化的国际贸易数字孪生体系，是贸易在数字化时代的最终归宿，但在人类全面进入数字化贸易时代之前，贸易数字化是必须要经历的阶段。要实现国际贸易的数字化宏伟目标，就必须加紧推进数字化的进程。由于国际贸易数字化涉及的贸易环节和贸易主体非常多，所以是一项非常繁杂、艰难、系统且极其重要的工作。

全书共分为五章，第一章为国际贸易的概述，包括国际贸易的定义、特点、理论、政策、措施以及业务现状。第二章为国际贸易的数字化，阐述了国际贸易数字化的内涵，国际贸易数字化的分类与统计，国际贸易数字化的规则与标准，国际贸易数字化的生态链。第三章介绍了国际贸易的数字化转型，包括国际贸易的数字化转型要素，国际贸易的数字化转型新业态，国际贸易的数字化转型价值，国际贸易的数字化转型壁垒。第四章为国际贸易数字化转型的影响，分别从第一节国际贸易的数字化转型降低国际贸易成本，第二节国际贸易的数字化转型改变国际贸易模式，两个方面进行阐述。最后一章是国际贸易数字化转型的对策，包括赋予国际贸易数字化，工业经济向数字经济过渡的统计制度创新，向数字经济时代的税收制度转型，国际贸易企业数字化的升级迭代，构建促进新技术发展的国际经贸新规则。

在撰写本书的过程中，作者得到许多专家学者的帮助和指导，参考了大量的学术文献，在此表示真诚的感谢。由于作者水平有限，书中难免会有疏漏之处，希望广大同行及时指正。

张春莲
2023 年 5 月

目录

第一章　国际贸易的概述

本章为国际贸易的概述，一共包括五个方面的内容，分别是第一节国际贸易的定义与特点，第二节国际贸易的理论，第三节国际贸易的政策，第四节国际贸易的措施，第五节国际贸易的业务现状。发展国际贸易是现代经济发展的重要组成部分，它对于国家和地区的经济发展具有重要的意义。国际贸易可以促进各国之间的经济合作和交流，提高各国的经济效益和竞争力，同时也可以促进全球经济的发展和繁荣。

第一节　国际贸易的定义与特点

一、国际贸易的定义

贸易是社会分工的产物，是买卖或交易行为的总称。货币产生后，贸易通常指以货币为媒介的一切交换活动或行为。国际贸易是商品经济的发展及劳动分工跨越国界的必然结果。由于交换的范围超越了国界，使其具有与国内贸易不同的特点，也具有国内贸易难以取代的作用。

随着经济全球化程度的不断加深，世界变得越来越小，而国际市场则变得越来越大了，国与国之间的联系更加地紧密，国际市场上的分工也变得越来越详细，由此也就诞生了国际贸易。国际贸易指的是世界各国在国际市场中的发生的商品交换行为，代表了世界各国这个大市场中的分工表现，同时也代表了世界各国在经济上表现出的相互依靠。[①] 这里讲的商品交换是广义的，它既包括有形商品（货物）的交换活动，也包括无形商品（服务）的交换活动；既包括本国与他国之间

① 华玉武．每天读点经济学常识[M]. 上海：立信会计出版社，2010.

的商品交换，又泛指国家与国家之间的商品交换。因此，国际贸易实质上是指以跨越国界为基本标志的商品交换活动的总称，是一种以国家的存在为前提的历史范畴。

为了更好地理解和把握国际贸易的概念，我们有必要弄清对外贸易以及国际贸易关系等概念。对外贸易与国际贸易之间的联系非常紧密，二者存在很多的共同之处。具体来说，当一个国家与其他国家发生的商品贸易行为时，这个行为就被称为“该国的对外贸易”。在一些海岛国家，如英国、日本等，对外贸易也被叫作“海外贸易”。国际贸易则是将贸易的对象国也包括在内，是从整体的角度对各国对外贸易的概括，而各国的整体便是世界，所以，国际贸易又称为“世界贸易”。由此可见，国际贸易与对外贸易是一般与个别的关系。它们联系在于，它们都是指跨越国界进行的商品交换活动。它们区别在于，国际贸易是指全球范围内的贸易活动，其范围涵盖了各个国家和地区；对外贸易则是指一个国家或地区的对外贸易状况。因此，这两个概念在不同的情境下呈现截然不同的内涵，无法互换使用，更不能混淆。

国际贸易关系，是指反映或体现在国际贸易活动中的国际经济关系。这种关系的内涵极其复杂，既有平等的，也有非平等的；既有剥削的，也有非剥削的；既有竞争性的，也有非竞争性的，等等。这种关系，是由历史的、社会的、政治的、外交的、经济的等因素所决定的。它取决于各国的社会政治制度以及经济、军事等力量。国际贸易展现了不同国家商品之间相互流动的模式。由于不同主体承担同一国际贸易活动，因此反映出的国际贸易关系也会发生变化。

随着社会生产力的不断提升，国际贸易也逐渐发展和壮大。国际贸易的发展是有规律的，要研究当代国际贸易问题，就要对国际贸易进行历史性的考察。在原始社会的早期和中期，人类的生产活动长期处于自然分工状态，社会生产力水平相对较低，人们只能依靠集体劳动，靠采集和狩猎来维持最低的生活水平。那时没有剩余产品，没有私有制，没有阶级、国家、商品生产和交换，因此，没有相互之间的贸易活动，更不存在国际贸易。

国际贸易的发展壮大与人类社会的三次大分工有着密切的联系。在原始社会的末期，随着生产力的不断提升，人类的生产方式也在不断地发展和进步，个别地区原始部落之间偶然有了剩余产品的赠送和交换。第一次社会大分工后，原始畜牧业与农业分离，它促进了劳动生产率的提高，有了少量的剩余产品，因此，部落开始展开商品交换的活动，这一行为为私有制的形成奠定了物质基础。随着金属工具的广泛应用和不断改进，第二次社会大分工开始了，这次大分工导致手工业与农业分离，从而促进了劳动生产率的提升。手工业的出现，产生了以交换为目的的商品生产。商品生产和商品交换的不断扩大，产生了金属货币，商品交换逐渐变成以货币为媒介的商品流通。随着商品货币关系的发展和市场的扩大，第三次社会大分工到来了，这次大分工促使出现了一类商人，他们不再从事生产，而是专注于商品贸易。商人阶层的形成，生产力的发展，交换关系的扩大，加速了私有制的产生。在原始社会瓦解的过程中，由于阶级矛盾的激化形成奴隶制国家。国家出现后，商品流通超出了国界，便产生了最初的国际贸易。

因此，国际贸易的出现必须满足两个条件：一是存在互不干扰，各自为政的社会实体；二是有可供交换的剩余产品。因此，从根本上说，正是由于社会生产力的不断发展，由此产生了国际分工，而国际分工的不断深入，社会生产力的进一步提升，促使国际贸易产生和发展。

二、国际贸易的特点

随着知识经济时代的到来，旧有的国际贸易格局发生了翻天覆地的变化。知识经济同样对社会经济和市场结构产生深刻而广泛的影响，世界各国之间的贸易往来更加频繁，国际分工日益深化，贸易自由化进程也在加快，全球一体化程度不断加深，国际贸易继续以迅猛的速度增长。同时随着高新技术产品贸易的蓬勃发展以及传统货物所蕴含的知识成分不断提高，当前国际贸易呈现出知识化的趋势。

在当前新一轮的科技革命中，高新技术产业在迅猛发展的同时，也带动了旧有的传统产业，从世界范围看，高附加值产品在贸易结构中所占比例越来越高，很多传统产业的商品中所蕴含的知识含量也在不断攀升。在全球经济一体化进程日益加快的今天，高科技产品在国际贸易市场上的市场需求越来越广泛，这表明其在全球经济中扮演着至关重要的角色。毫不夸张地说，如今的高科技产品已经在国际贸易中占据了举足轻重的地位，其地位可以说远远超越了其他同类产品。

第二节　国际贸易的理论

一、古典国际贸易理论

人们在国际贸易的实践中认识到，国际商品的流动起因于同种商品在不同国家之间价格水平的差异。只要同种商品的价格差异大于商品的运输、保险等费用，两国之间又没有贸易限制，商品就会从价格低的国家流向价格高的国家，并为双方带来利润。同种商品的价格在不同国家之所以存在差异，是由于在不同国家生产商品的成本不同。“差异出贸易”是阐述国际贸易发生原因的基本思路之一。古典国际贸易理论就是从解释成本产生差异的原因入手的。

（一）绝对利益理论

1. 绝对利益理论的概念及假设条件

（1）概念

绝对利益理论，又称为“绝对技术差异论”，是指各国之间生产同一产品的绝对技术差异，从而形成单位产品的成本差异来解释国际贸易原因的理论。

（2）假设条件

① 2×2×1 模型（两个国家、两种产品、一种生产要素——劳动力）。

②由于两国在不同产品的生产技术上存在显著差异，因此劳动生产率存在明显的绝对差异。

③商品价值是由劳动所决定的，且所有劳动都是同质的。

④给定生产要素（劳动力）供给，要素充分就业，并且可以在国内不同部门流动，但不能在国家之间流动。

⑤规模报酬不变。

⑥完全竞争市场，各国生产的产品价格都等于生产成本，无经济利润。

⑦无运输成本和其他贸易障碍。

⑧两国之间的贸易是平衡的。

2. 绝对利益理论的基本内容

（1）劳动分工是国际贸易的基础

若想增进国民财富，就得提升劳动生产力。若想提升劳动生产力，则必须推进社会的进一步分工的发展。第一，通过明确的职责分工，这样能够提升劳动者自身的技能水平，从而有效地提高劳动生产力。第二，分工能够降低交易成本，增加产品的数量以及缩短生产周期。第三，将任务分配给每个人，使劳动者能够专心于某一项具体的工作，从而减少与生产无关的时间浪费。第四，通过明确分工，使得那些专注于某一项任务的工人能够更专心地进行工具改进和机械发明。第五，通过分工，社会上的各企业，以及企业中的各部门之间能够更好地开展协作，从而节约成本。当人们将注意力集中在一个特定的目标上，而非分散在多个不同的任务上时，他们更容易且更迅速地找到实现目标的方法。

（2）极力主张实行自由贸易政策

主张每个国家在经济上都应对内采取自由放任政策，对外实行自由贸易政策。如果每个人都将精力集中于生产某种物品，并通过交换获得其他物品，这种分工不仅可以显著提高劳动生产率，而且对社会、对国家来说都是合理的。亚当·史密斯（Adam Smith）认为一种商品从国外进口比国内生产还要便宜，则应以国内生产的相对便宜的其他商品的一部分去交换，结果必然大为有利。例如，人们可在苏格兰利用温室生产葡萄，然后再酿成葡萄酒，这样在质量上可能与国外进口的一样好，但却要付出30倍高的代价。每一个国家都应根据自己的条件去进行专业化生产，生产自己具有优势的商品，然后进行交换，从而使交换双方均能实现最大的贸易利益。亚当·斯密（Adam Smith）的分工理论也被称为“地域分工说”“绝对优势理论”或“绝对成本理论”。

（3）国际分工的基础是自然禀赋或后天的有利条件

国际分工的理论基础在于，由于世界各国拥有独特的自然资源或人力资源，或者拥有特殊的生产条件和优势，因此在全球经济中扮演着不同的角色并发挥着各自独特的作用。一个国家的优势主要取决于本国的资源禀赋与技术水平，自然条件的固定性，如气候、土壤、矿产等，因其超越人类控制的特质而具有优势，因此，也被称为“自然禀赋”。这种天然优势往往决定了一些国家的相对比较利益，而这些国家在生产某些特定商品时，由于其天然的优势，导致其他国家难以与其竞争。人类所创造的可改变的优势，如生产技术和技巧等，被称为“获得性优势”。某些国家之所以在某种商品的生产和出口方面具有优势或取得优势，是因为它们在成本和价格方面拥有独特的竞争优势。

（4）国际贸易会给交换双方带来好处

假设两个国家分别英国和法国，两国都仅生产两种产品分别是毛呢和小麦，但两国劳动生产率不同（表 1-2-1）。劳动是唯一的生产要素，两国有相同的劳动力资源，都是 100 人。

表 1-2-1　英国和法国的劳动生产率

国家	毛呢（尺／人·天）	小麦（公斤／人·天）	国内交换比例
英国	1	1.5	1 ∶ 1.5
法国	0.5	2	1 ∶ 4

由表 1-2-1 可知，英国毛呢的劳动生产率绝对高于法国，小麦的劳动生产率绝对低于法国，故英国在毛呢生产上具有绝对优势，法国在小麦生产上具有绝对优势。在封闭经济条件下，英国国内 1 尺[①] 毛呢的价值仅相当于 1.5 公斤[②] 小麦的价值（因为生产 1 尺毛呢的时间里可以生产 1.5 公斤小麦），法国国内 1 尺毛呢的价值却相当于 4 公斤小麦的价值；在开放经济条件下，英国显然愿意用毛呢去交换法国的小麦，而法国也愿意用小麦去交换英国的毛呢，这恰恰是建立在绝对优势基础上的国际分工模式。

假设封闭经济条件下，两国在两种产品的生产上平均分配劳动力，即各用 50 人生产毛呢，余下的 50 人生产小麦。开放经济条件下，趋利动机使得英国将所有资源用于生产毛呢，而法国将所有资源用于生产小麦。假设各国在满足原有需求的基础上，将剩余的产品与另一国剩余产品进行交换，即英国每天将 50 尺毛呢以 1 ∶ 2 的比价关系与法国 100 公斤小麦进行交换，则世界的总产量和总消费

① 1 尺约等于 33.33 厘米。

② 1 公斤等于 1 千克。

量增长了，毛呢由分工前的75尺增加到分工后的100尺，小麦由分工前的175公斤增加到分工后的200公斤，各国的消费量亦有所增长，英国净增加了25公斤小麦的消费，法国净增加了25尺毛呢的消费，国际贸易使两国福利水平都得到提高（表1-2-2）。

表1-2-2　绝对优势下国际贸易对两国产生的福利影响

国家	封闭经济				开放经济			
	毛呢／尺		小麦／公斤		毛呢／尺		毛呢／尺	
	生产量	消费量	生产量	消费量	生产量	消费量	生产量	消费量
英国	50	50	75	75	100	50		100
法国	25	25	100	100		50	200	100
世界	75	75	175	175	100	100	200	200

3. 对绝对利益理论的评价

（1）绝对利益理论的贡献

绝对利益理论是亚当·斯密（Adam Smith）经济自由主义理论的一个组成部分，是反对重商主义的重要理论思想武器。绝对利益理论具有伟大的理论意义和实践意义。

①以劳动价值论为基础的绝对利益理论，首次对国际贸易问题进行的科学解释。

②绝对利益理论成功地解释了国际贸易的动因，强调了劳动分工在国际贸易中扮演着不可或缺的角色。这也促使了国际贸易发生转变，由以往的以自私自利为特征的重商主义转向了以互惠互利为导向的方向，这一转变标志着国际贸易的进一步发展。

③绝对利益理论代表着一股力量，即努力消灭封建社会残留的不良现象，促进经济关系的整治，提升生产力，以达到工商业新规模的目标。这股力量在消除封建残留和克服重商主义短处方面，扮演了重要的历史角色。

（2）绝对利益理论的缺陷

尽管坚持了劳动价值论，但在国际贸易中，两个国家所交换的两种商品所遵循的内在等价要求仍然无法得到充分的解释。

即使某个国家在所有商品生产方面的劳动生产率都高于另一个国家，它仍会进行国际贸易的，这是为什么呢？如果一国没有自己的绝对优势的商品，分工就不能进行。在实际上，由于英国率先进行了工业革命，使得英国绝大多数商品的生产成本都低于德国、法国等一些邻邦，但英国始终保持着其中一些商品的出口。如表 1-2-3 所示，在英国和法国之间，应该采用哪种贸易模式呢？这些问题似乎不能全然通过绝对成本理论解释，或者说绝对优势理论只能说明贸易过程中的一小部分现象。所以，需要一个更完善的理论来替代或补充原先的理论。

表 1-2-3　英国和法国的劳动生产率没有绝对差异的情况

国家	毛呢（尺／人／天）	小麦（公斤／人／天）
英国	1	2
法国	0.5	1.5

（二）比较利益理论

1．比较利益理论的产生背景

比较利益理论的产生既是理论发展的需要，又是客观社会经济实践的要求。在国际贸易理论上，需要解决绝对利益理论的普适性问题；在实践上，比较利益理论起源于英国资产阶级为争取自由贸易而进行斗争的时期，并在后来得到进一步的发展和壮大。

随着英国工业革命的推进，谷物的消费量逐渐攀升，从而导致了国内粮食短缺，因此只能通过海外购买来补充国内不足。这也就使得进口量不断增加，谷物价格不断攀升。而为了维护土地贵族的权益并增加其经济来源，这些地主联合起来，支持实施限制谷物进口的政策，使英国议会通过了《谷物法》。该法律规定，每夸特小麦[①]价格超过一定界限时，才可以进口小麦。该法令实施后，引起谷物价格上涨和地租的增加，这对土地贵族十分有利，然而，这种情况对于那些从事

① 1 夸特约等于 12.7 千克。

工业的资产阶级而言，带来的不利影响是不容忽视的。英国的产业资产阶级联合成立了一个名为“反谷物法同盟”的组织，旨在广泛宣传《谷物法》所带来的危害，并强调谷物自由贸易的卓越性，以保护自身的利益。而地主贵族阶层不遗余力地维护《谷物法》，以确保其能够推行实施。据这些地主所述，英国拥有粮食生产能力，因此无需从其他国家进口谷物，反对在谷物贸易领域实行开放政策。

也正是在那个时代，工业资产阶级迫切需要找到一种理论基础，以支持谷物自由贸易。在这场变革中，大卫·李嘉图（David Ricardo）对亚当·斯密（Adam Smith）的国际贸易理论进行了更深入地探索和完善，李嘉图提出了关于贸易与国家经济利益之间关系的着名观点，他认为国际贸易是一个促进社会财富增长的重要因素。据其观点，英国在纺织品生产方面的优势已经超越了其在粮食生产方面的优势，因此英国需要大量进口粮食，并将精力集中于纺织品的生产，而非将精力投入到粮食的耕种上。为此，李嘉图提出了比较利益理论，为反对《谷物法》提供了强有力的武器。

2. 比较利益理论的基本内容

（1）比较利益的概念

比较利益是指两个国家的生产效率存在差异，一个国家能够生产的各种商品的生产效率都较高，处于绝对优势，而另一个国家的生产效率则相对较低，处于绝对劣势。虽然两个国家在不同商品之间的劳动生产率存在差异，但是只要遵循“两利相权取其重，两弊相衡取其轻”的原则，两个国家都是可以从国际分工和贸易中获得各自利益的。

大卫·李嘉图比较利益的核心观点在于，他反对亚当·斯密将国际贸易的根源和基础都归因于各国的绝对优势差异之上，而是主张国际贸易的基础在于各国的比较利益或比较成本。即使效率最低、成本最高的国家也有自己相对的比较优势，也能从对外贸易中获利。

同亚当·斯密一样，大卫·李嘉图也是坚持劳动价值论，从论述个人之间的分工与专业化的必然性出发，其假设条件也与绝对利益理论基本一致，引导出国际贸易自由化的必然性。如果本国生产 A 商品较之他国具有绝对优势，而另一国对于 B 商品的生产比本国有绝对优势，那么进行国际贸易无疑对两国都有利。但是，这只是国际贸易之所以发生的一种偶然现象或特定的条件而已。它并不能说明国际贸易的普遍现象。因此，他并不反对绝对利益理论，只是不同意将绝对利益归结为国际贸易的根本原因。

（2）比较利益的度量

大卫·李嘉图的贸易学说以劳动价值论为基础，主张劳动才是唯一的生产要素，而且劳动力是同质的，商品的价值取决于生产一单位这种商品所投入的劳动量，从而可以用相对劳动生产率来判断一国的比较优势。然而，在实证分析中难以用相对劳动生产率法判断一国的比较优势。

①相对劳动生产率意味着该国在生产该产品更为有效率，意味着该国该产品的比较成本低于另一国，则该国具有生产该产品的比较优势。

计算公式：$L_A=A_i/A_j$

公式中 L_A 表示 A 国产品 i 与产品 j 相比的相对劳动生产率；A_i 表示产品 i 的劳动生产率；A_j 表示产品 j 的劳动生产率。

同理，用 L_B 表示 B 国的相对劳动生产率，若 $L_A>L_B$，则 A 国在产品 i 上具有比较优势，B 国在产品 j 上具有比较优势。

如表 1-2-4 所示，是根据表 1-2-3 计算所得的英国和法国相对劳动生产率，观察可得法国毛呢的相对劳动生产率（0.33）低于英国毛呢的相对劳动生产率（0.5），因此，英国具有生产毛呢的比较优势；法国小麦的相对劳动生产率高于英国小麦的相对劳动生产率，因此，法国具有生产小麦的比较优势。

表 1-2-4　英国和法国的相对劳动生产率

国家	毛呢	小麦
英国	0.5	2
法国	0.33	3

②根据机会成本理论，某产品的机会成本是指在资源一定且被充分利用的情况下，多生产一单位该产品所必须放弃的另一种产品的产量。一国某产品的机会成本低于另一国，则该国具有生产该产品的比较优势。

如表 1-2-3 对应的例证，法国生产 1 尺毛呢需要 2 人／天，而 2 人／天在法国可以生产 3 公斤小麦，为了多生产 1 尺毛呢需要减少 3 公斤小麦的生产，因此，法国生产 1 尺毛呢的机会成本是 3 公斤小麦；英国生产 1 尺毛呢需要 1 人／

天，而该国 1 人 / 天可以生产 2 公斤小麦，为了多生产 1 尺毛呢需要减少 2 公斤小麦的生产，因此英国毛呢的机会成本是 2 公斤小麦。英国生产 1 尺毛呢的机会成本低于法国，故英国具有生产毛呢的比较优势；同理，法国具有生产小麦的比较优势。

3. 对比较利益理论的评价

（1）比较利益理论的贡献

在历史长河中，比较利益学说曾扮演着重要的角色，为人类社会的进步和发展注入了新的动力。它是近代西方经济史研究的一个重要课题，其在英国资产阶级推动自由贸易和解放生产力的过程中，逐渐形成并不断发展起来的，对英国的经济发展及整个世界的商品交换起到了一定的促进作用。正是在这一理论影响下，英国废除了《谷物法》，此后英国成为“世界工厂”，并在世界经济贸易中发挥了重要作用。

比较利益学说促进了国际贸易理论的发展。比较利益学说证明了一个国家在某种商品的生产上缺乏绝对的成本优势，但只要在相对比较优势方面有所成绩，国际自由贸易仍可为双方带来贸易上的益处。从理论分析的角度来看，比较优势理论所探究的经济现象涵盖了绝对优势理论所研究的经济现象，而非相反的情况。这说明，亚当 · 斯密所论及的绝对利益理论不过是大卫 · 李嘉图的比较利益理论的一种特殊形态，是一个特例。比较利益理论是一种广泛适用的学说，而绝对利益理论则是其独特的范例。大卫 · 李嘉图的比较利益理论将仅适用于特殊情况的贸易模型，成功地运用到了对普遍存在的经济现象进行理论分析之上，这是他在推动古典国际贸易理论发展方面的重要贡献。

在实际应用中，比较利益学说具有很高的现实意义。该学说不仅适用于发达国家，而且为落后国家参与国际分工和国际贸易提供了理论基础，即在自由贸易条件下，各国应扬长避短，发挥自己的相对优势。不仅不会因竞争被淘汰，而且可以在国际贸易和国际竞争中获得利益。因此，经济落后的国家不要惧怕对外开放，只要采取正确的对外贸易发展战略，就可以获取到高额的利益。

比较利益学说以劳动价值理论为基础，将劳动视为生产要素并进行比较分析，以比较不同的劳动成本，这是劳动价值理论中一个至关重要的组成部分。

（2）比较利益理论的缺陷

该学说的假设前提过于苛刻，并不符合国际贸易的现实。比较利益理论的假设条件与绝对利益理论的假设条件一样，只是为了分析问题的方便，然而，比较利益理论存在国际的各种要素在流动过程中完全失去了其流动性的假设，这种假设并不符合国际经济发展的实际情况。

随着比较利益差距的扩大，贸易的发生概率也随之增加。在西方经济学界对传统比较利益理论进行探讨时，其中一个重要观点就是认为传统比较利益学说不适用于解释国际贸易问题，这也就使得在实践中，人们对于传统比较利益学说的适用性产生了疑虑。为了实现自由贸易条件下的双赢，所有参与贸易的国家应该积极倡导自由贸易，而非采取保护主义措施。

（三）提供曲线理论

1．提供曲线的含义

提供曲线是表示某国为了进口一定数量的某种商品所必须支付的出口商品数量的曲线。提供曲线可被视为供给曲线，而同样也可以被视为需求曲线。从供给曲线的视角来看，供给曲线所反映的是在不同的贸易条件下，本国所愿意出口的商品数量；从需求曲线角度看，提供曲线是表示本国在不同的价格下的商品进口数量。所以，提供曲线实际上是供给曲线和需求曲线的有机统一体，如图 1-2-1 所示。

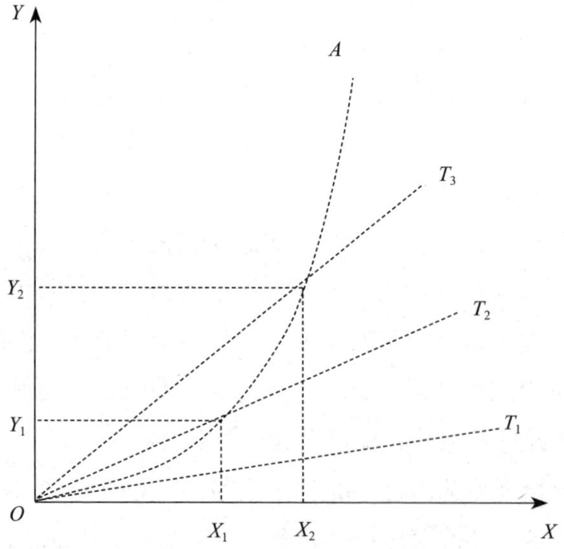

X、Y 分别代表本国商品、外国商品；T_1、T_2、T_3 分别代表不同的贸易条件；OA 代表本国的提供曲线。

图 1-2-1　提供曲线

如图 1-2-1 所示，假设本国生产 X 商品，进口 Y 商品；外国生产 Y 商品，进口 X 商品。T_1、T_2、T_3 分别表示 X 与 Y 商品交换的不同贸易条件，即从原点做出的射线，射线的斜率就表示 X 与 Y 相交换的贸易条件，即用 Y 表示的 X 的相对价格。随着贸易条件的改善，本国出口 X 商品的数量越来越多，或者说，每出口一单位 X 将换回更多的 Y。把不同贸易条件下本国出口 X 的数量及进口 Y 的数量平滑地连接起来（在这里，我们可以假设有无数条贸易条件线及相应的进出口数量），就得到了本国的提供曲线 OA。它是一条从原点出发凸向 X 轴的弯曲曲线。外国的提供曲线的形状与本国的类似，但方向相反，是凸向 Y 轴的一条弯曲的曲线。从中可以看出，提供曲线的实质是随着国际贸易条件的改变，一个国家的商品出口供给量与进口需求量的共同运动轨迹。这条曲线上的任意一点都代表着一定贸易条件下，一个国家的出口供给量与进口需求量的统一。

2. 提供曲线的推导

提供曲线的经典推导是阿尔弗雷德 · 马歇尔（Alfred Marshall）利用贸易无差异曲线等分析工具进行的推导，这种推导方法能够比较清楚地从经济学原理角度理解提供曲线的含义，但推导方法比较复杂。这里我们使用美国经济学家萨缪尔森（Salvatore）直接利用一个国家的生产可能性边界、社会无差异曲线和使贸易得以发生的各个假定相对价格，进行的直观、简便的推导方法。

3. 提供曲线理论的评价

在国际贸易中，商品价格始终处于供需曲线的交汇点，这一交汇点必须同时满足三个条件：①国际收支平衡，即参与贸易的国家进口和出口的价值相等。②要求各国在商品需求方面实现平衡，换言之，为了实现供需平衡，两国所需商品的数量必须完全匹配。③在生产过程中，必须严格遵守生产可能性曲线所规定的最大生产量限制，以确保生产不会超出预期范围。

如果无法符合以上三个条件，就需要依靠自动调节机制来实现价格与供求之间的平衡。当一个国家的供给（出口）大于另一个国家的需求时，出口国的出口商品价格会下降，而另一个国家的出口价格便会相对上升，进出口再次平衡，最终会恢复均衡；而当一个国家的供给（出口）小于另一个国家的需求时，则价格上升，使得出口增加，而贸易对手国的出口价格则相对下降，最终再次恢复平衡。

一般均衡理论是曲线的理论基础，其研究的是价格的决定和变化，而非价值的决定，这一点还需要好好审视。

（四）马克思的国际贸易理论

在马克思的著作中，马克思深入探讨了涉及国际贸易理论的诸多议题，包括但不限于国际分工、国际价值以及国际生产价格等问题。作为古典经济学的传承者，马克思的国际贸易理论揭示了国际分工产生的深层次原因，并详细阐述了国际商品价格的决定机制。

1. 马克思的国际分工理论

国际分工作为一种劳动分配方式，是随着社会分工的逐步发展而形成的。该体系已经超越了国内的分工限制，成为国际贸易和全球市场形成的基石。

随着社会生产力的不断提升，国际分工已成为一种不可避免的客观经济现象。国际分工不仅包括生产领域中的分工，还包括交换过程中的分工。18 世纪，随着大型机械化生产的兴起，以机器技术为核心的社会大生产得以持续发展并跨越国界。19 世纪中叶，全球范围内就正式出现了国际分工和跨国贸易。当时由于工业革命使人类进入一个高度机械化的时代，从而推动了世界范围内产业的大规模转移。随着机器生产的不断发展，也就出现一种更具适应性的全新国际分工架构，其独特之处就在于为每个国家进行定位，使得某些国家主要从事农业生产，服务于其他主要从事工业生产的区域。这种新的分工模式导致世界范围内不同地域间的商品、资本等要素流动加快，塑造了资本主义工业国和农业国之间的相互依存关系。

19 世纪末期至 20 世纪中叶，资本主义的国际分工又经历了一次大的变革。这一时期是一个从简单的初级生产向复杂的高级生产转变的时期，也正是在这样的社会背景下，国际分工在工业发达国家和初级产品生产国之间不断加深，由此催生了现代意义上的资本主义国际分工体系。这种国际分工使资本、技术等生产要素从发达工业化国家向新兴工业国转移，一定程度上推动了经济全球化进程。同时，由于国际分工的推动，国际贸易得以蓬勃发展，国际分工为贸易创造了一个良好的环境，使其成为世界经济增长的动力之一。国际贸易所带来的利润收益远超其他领域，在这种情况下，发展中国家就会选择进口相比比较先进技术和设备来进行资本积累，从而推动本国经济发展。因此其在对外贸易方面，资本的投入可以带来更高的利润率，从而以高于商品价值的价格进行销售。

由此可推断，国际分工并非一种抽象的概念，而是一种广泛存在的概念。资本主义生产关系孕育了资本主义国际分工体系的形成和演变。因此，在资本主义的国际分工中，不可避免地存在着强制性、剥削性质等特征。马克思国际分工理论科学地论述了国际分工的性质以及国际分工和国际贸易的相互关系。

2．马克思的国际价值和国际生产价格理论

（1）国际价值的含义

马克思以劳动价值论为基础，对全球市场进行了深入探究，并提出了“国际价值”的科学概念。马克思的劳动价值理论强调，价值规律已逐渐演变为一种不可或缺的根本规律。在这个意义上，价值规律是由商品内在属性所决定的。因此，只有商品的生产和交换得以实现，价值规律所扮演的角色才是不可或缺的。在国际市场上，商品交换不可能以各国平均劳动时间为基准，因为各国的商品在市场上是相互竞争的。所以，在进行国际贸易活动中，必须把每一个国家的平均劳动消耗量作为商品交换的重要依据。在考虑商品在全球市场上的生产成本时，需要采用世界劳动的平均单位作为衡量标准，这意味着在当前全球经济条件下，我们以各国劳动者的平均技能和强度为基础，计算出生产一种商品所需的总社会劳动时间，以此来确定其生产成本。随着全球劳动生产力的演变，世界劳动的平均单位或世界社会必要劳动时间也在不断变化，因此，国际价值这一概念也在不断地演变。

无论是在国际市场还是国内市场中，商品的价值实质都是由人类的劳动所凝聚而成的。然而，这些商品在数量上存在差异，因为它们的本土或国家价值取决于生产该商品所需的社会必要劳动时间，这一点不容忽视。因此，各国之间在同一商品的不同价格上进行交易时，必须根据本国的社会必要劳动能力来确定它的实际价格，该商品的价值取决于使用平均社会劳动技能和劳动强度所需的劳动时间。如果一个国家采用相同的技术条件进行生产，则其本国的产品将以同样的价格进入世界范围内流通，并获得同样的价值。因此，在同一国度内，在同样的劳动技能和强度下，以相同的劳动时间生产的各种商品所带来的价值相等。在不同地区同样的劳动条件下，不同国家生产同种商品也会产生相等的价值。商品的全球价值在于其生产所需的全球劳动时间，这是决定其国际价值的关键因素。但不同国家的国民所承受的劳动强度不同，所以即使是生产相同商品，不同国家的国际价值也会存在差异，如果一个国家的国民劳动强度低于其他各国的国民劳动强度，则该国生产出的产品在世界范围内会被认为是物美价廉。商品的国际价值与国内价值或国别价值在表现形式上也是有区别的。商品的国内价值或国别价值是以该国货币表示的，而商品的国际价值在世界市场上是以世界货币来表示的。

（2）影响国际价值量的因素

①世界平均劳动生产率。

商品的国际价值在于其生产所需的国际社会必要劳动时间，这是决定其国际价值的关键因素。国家的社会必要劳动时间对平均时间产生影响，而社会必要劳动时间则因劳动生产率的差异而呈现出变化趋势。因此，商品的国际价值量在很大程度上受到劳动生产率的影响。

如果提高劳动生产率，那么每个工人在单位时间内所能生产的商品数量将会增加。因此，随着社会必要劳动时间的减少，所生产的商品的价值将不可避免地变小，这就是所谓价值规律的作用原理。所以，在经济理论中，把提高劳动生产率看作是增加商品价值量的重要途径。

②世界平均劳动强度。

劳动的强度或紧张程度，是指在规定时间内所需从事的劳动活动的强度。随着各国劳动强度的改变，全球平均劳动负担也随之变化，从而对国际价值的波动产生了影响。商品的国际价值量与单位时间内的劳动强度成正比，随着劳动强度的增加，单位时间内所消耗的劳动也相应增加，从而导致商品的国际价值量也随之上升。反之，当劳动强度降低时，相同时间内的劳动消耗也会相应减少，从而导致价值量也就越小。

③贸易参加国的贸易量。

国际社会必要劳动时间的形成与参加国际贸易国家的贸易量有着密切的关系。如果进入世界市场的某商品大部分是在具备中等生产条件的国家生产，而小部分是在较优和较差生产条件下生产的，则其国际价值应根据中等生产条件国家所生产商品的国别价值来确定；如果进入世界市场的某商品大部分是在生产条件较差的国家生产的，那么应根据生产条件较差的，即劳动生产率和劳动强度较低的国家生产这种商品的国别价值来调节其国际价值；如果进入世界市场的某商品是在较优条件下生产的，这时国际价值就会受到生产条件较优的国家的商品的国别价值的调节。

二、现代国际贸易理论

（一）要素禀赋论

要素禀赋论，又被称为“资源禀赋理论”，“资源赋予理论”，是一种用不同国家的要素数赋予状况来解释国际贸易的理论。要素禀赋理论包括狭义和广义两个方面，具体内容上存在差异。狭义的要素禀赋理论解释国际贸易的发展以及进出口商品结构特点是基于生产要素的丰裕程度；广义的要素禀赋理论除包括狭义要素禀赋理论的内容外，还包括因国际贸易而引起的要素价格均等化理论。

1. 相关概念及假设前提

（1）相关概念

一个国家所拥有的两种生产要素的相对比例，即要素禀赋，这是衡量其生产要素丰裕度的重要指标。这一概念的相对性并不取决于一个国家所拥有的生产要素的绝对数量，而是取决于其他因素。

要素密集度是指在生产某种产品时，两种不同的生产要素所占的比例。如果X产品需要更多的资本投入，而Y产品则需要更多的劳动投入，那么可以推断X产品资本密集型产品，Y产品为劳动密集型产品。

（2）假设前提

“H-O理论”认为国际贸易、国内贸易都是不同地区之间的贸易，域际的划分在于不同地域之间要素存量相对丰裕的差异，因此国际贸易与国内贸易应该具有相同的特点，并没有根本性的区别。从这点出发，“H-O理论”做了以下6点假设。

① 2×2×2模型。

世界上只有两个国家；使用两种生产要素；生产两种商品且要素密集度不同。该理论认为商品至少要两种或两种以上的要素才能生产出来，而大卫·李嘉图认为劳动是生产商品的唯一要素。“H-O 理论”的这一假设前提实质上是以要素论代替了劳动价值论，而且为资本与劳动之比的存在与分析确定了前提。

②两国的生产技术相同

假设两个国家在生产同一种商品时采用相同的方法、相同的技术和相同的投入系数，并具有相同的生产函数，那么其产量仅受所投入要素数量的影响。这样也就意味着即便在两个国家的劳动生产力相等的情况下，贸易仍有可能发生，这一假设得到了证实。因此，国际贸易的根本原因并非在于劳动生产率的绝对或相对差异，这一点与亚当 · 斯密和李卫 · 李嘉图的解释存在差异。

③商品和要素市场是完全竞争市场，要素只在国内流动。

在全面竞争的市场中，商品和要素的买卖必须在自由竞争的环境下进行，以确保市场的公正性和透明度。在这样的市场环境里，商品可在国内外自由流通，但其要素仅可在国内自由流通，在国际范围内则完全失去了流动性。在这种情况下，可以确保同一物品在同一国家内的价格保持一致，但在跨国交易中存在价格差异，这是一种有效的价格管理策略。

④两国的要素丰裕度不同。

在两个国家中，一个拥有大量的资本积累，因此其利率较低。另一个国家则是劳动力供给比较充足，这就使得工资水平相对较低。两种商品中，一种是劳动密集型商品，另一种是资本密集型商品。

⑤自由贸易且无运输等费用。

没有影响贸易的一些其他因素，如关税和非关税壁垒、运输费用和交易费用等均不存在。这一假设意味着贸易会使两国的相对（或绝对）商品价格完全相等。

⑥商品进出口平衡。

只存在商品贸易，进口等于出口，贸易是平衡的。

上述假设中所说的两国的要素丰裕度也称“要素禀赋”，是指一个国家所拥有的经济资源的相对丰裕性，或者说一个国家所拥有的两种生产要素的相对比例。要素密集度是指单位商品的相对要素投入量。在商品生产中如果某种要素投入比例大，则这一商品该要素密集度就高。

以上的假设可以说明，两国除要素禀赋不同外，其他条件都是相同的。

2. 要素禀赋理论的推理过程

（1）商品价格的国际绝对差异是国际贸易产生的直接原因

只有当商品的各项费用及关税所增加的成本小于商品在各国之间价格差异时，商人才会采用买低卖高的国际贸易方式。

（2）各国商品价格比率差异是国际贸易产生的充分必要条件

各国商品价格比率差异是国际贸易产生的充分必要条件，即比较利益仍是国际贸易的基础。如果两国的两种商品价格比率一致，那么即使存在国际商品价格的绝对差异，国际贸易也不会发生。这一点在比较利益理论中已得到论证。如果两个国家的价格（成本）比例是相同的，如果一个国家生产的两种商品的成本都按同一比例低于另一个国家，那么它们之间只能保持暂时的贸易关系。

（3）各国商品的价格不同是由各国的要素价格不同造成的

因为要素价格代表了生产成本，成本又决定了商品的价格。

如表 1-2-5 所示，为在假定情况下，本国、外国均有计算机和食品两个生产部门，投入资本和劳动力两种要素，根据前述两国生产技术水平相同的假定，对计算机和食品的要素投入比率。

表 1-2-5　两国生产商品要素投入比例（资本：劳动力）

商品名称	本国	外国	商品类型
计算机	5 ： 1	5 ： 1	资本密集型
食品	1 ： 10	1 ： 10	劳动密集型

电脑属于资本投入大的产品，而食品则需要更多的劳动力投入。指两个国家的生产资源成本。如表 1-2-6 所示，为两国生产商品投入要素价格。

表 1-2-6　两国生产商品投入要素价格

投入要素	本国	外国
资本	1.00	4.00
劳动力	2.00	1.00

由此可算出两国计算机与食品的成本比率

本国：计算机成本／食品成本＝（5×1+1×2）／（1×1+10×2）=1/3

外国：计算机成本／食品成本＝（5×4+1×1）／（1×4+10×1）=3/2

从这里可以观察到，本国在生产资本密集型商品——计算机方面具有明显的优势，这是因为在本国，资本成本相对较低。在劳动密集型商品领域，外国的食品生产具有显著的竞争优势，这是因为外国的劳动力成本较为经济实惠。

（4）生产要素价格是由其供求关系决定的

因为各国赋予生产要素的情况不同，导致同一种生产要素在不同国家的价格存在差异。资源的分配状况决定了生产要素的供给和需求关系。

总之，“H-O 理论”的基本思路是贸易的发生→商品价格差异→生产成本差异→要素相对价格差→要素供给→要素的自然禀赋。

3．对要素禀赋论的评价

要素禀赋论自问世以来，一直为西方大多数经济学家所接受，他们认为它的逻辑性强，结构严谨，其结论可以从国际贸易的直接原因中推导出来，因而被誉为现代国际贸易理论中最重要的基础理论之一。尽管这个理论有许多条件限制，以后又发生了许多需要验证的问题，如里昂惕夫之谜，但它对解释 20 世纪以来的国际贸易格局以及许多重大的贸易问题却是十分有用的。

（1）“H-O 理论”的贡献

①“H-O 理论”更符合社会现实。

“H-O 理论”是建立在比较利益理论基础上的，要素流动假设也基本一致。但是，比较利益理论是以单一要素为分析前提的，而“H-O 理论”认为一种要素（劳动）无法进行生产，至少应为两种。这与现实更为接近。

②由个量分析扩大为总量分析。

在各国生产者在生产同一商品时，国际贸易发生的原因是因为不同国家的劳动生产力存在差异；“H-O 理论”的基础是将生产率相对的一致性作为分析的出发点。将国际贸易发生的原因归结到了生产中使用的要素比率差异上。把个量分析扩大为总量分析，不再分析同一商品生产率的差异，而是直接比较两国生产要素总供给的差异。

③正确地指出了生产要素在各国对外贸易中的重要地位

要素的综合运用是国际贸易竞争中至关重要的因素，这些要素包括土地、劳动力、资本以及技术等。它们融合在一起所形成的价值，在一个国家的对外贸易中具有重要的影响。“H-O 理论”比大卫 · 李嘉图的比较利益理论更加全面和深刻，因为它基于各国在全球分工和专业化生产方面的不同原因，即“靠山吃山，靠水吃水”。

（2）“H-O 理论”的缺陷

要素比例说的支持者之所以对大卫 · 李嘉图和马克思的劳动价值论进行反对，是因为他们忽视了劳动收入和财产收入之间的差异，这导致比较成本理论变得不够完善。在资本主义的经济体制中，存在着一种剥削现象，即资本所产生的利息和土地的地租都被视为具有剥削性的收入。按照贝蒂女 · 特哈德俄林（Bertil Gothand Chin）的观点，所有的收入都可以被归类为要素收入，而每个要素的收入都是其在商品定价中所做出的“贡献”的体现。

“H-O 理论”的一大重要确信就是对科学技术的贡献视而不见。科学技术是第一生产力，在现代国际分工和国际贸易中，科学技术的作用变得日益重要。商品生产的要素密集型和比较成本可以因技术的革新和进步而改变，这就由于商品要素的成本和比例早已因科技进步而发生了改变。

一种商品在各国都是按同样两种要素组合生产的。事实上，一种商品在一国可能利用某种主要的要素去生产，而在另一国则可能用另一种主要的生产要素去生产。因此，一种商品的要素密集型在不同国家以及在同一国家的不同时期也会出现不同。

把生产要素看成一个静态的量，而没有从动态上进行分析。把生产要素看作一种单纯的数量，而没有把它看作一个变量或者没有把要素禀赋看作一个动态的因素。实际情况是，每一个国家的生产要素都是一个变化量，随着生产的发展、经济的增长，生产要素的数量、质量乃至种类都会发生变化。

尽管“H-O 理论”被广泛应用，但它并不能完全解释当今发达国家之间贸易迅速发展的现象。根据“H-O 理论”，工业化国家和初级产品生产国之间由于存在着要素禀赋和需求结构的差异，因此，二者之间的贸易发展应该是极为迅速的。然而，现实的实际情况却是，在工业化水平相似、需求模式相近的国家之间存在大量贸易，而发达国家与发展中国家之间的贸易发展缓慢。

贸易前提与贸易结果相矛盾。贸易的结果会使各国之间商品的价格及要素价格趋于均等。要素禀赋论所论证的是，贸易产生的根源在于各国商品的价格存在差异。商品价格不同是由于生产要素禀赋或价格不同，而贸易的结果却导致了贸易前提条件的消失。这一矛盾是无法自圆其说的。同时，与国际贸易发展的现实也不相符。

（二）要素价格均等化理论

要素禀赋理论得出这样一个结论，为了发挥世界的生产效率，充分利用世界资源，各国应生产出本国资源丰富的要素密集型商品，以满足出口需求，同时进口本国稀缺的要素密集型商品。但是，经过一段时间的贸易之后，国内的要素价格会发生什么变化呢？或者说国际贸易对要素价格的反作用如何呢？对此，各国间一旦发生贸易，其生产要素的价格，就会随着贸易的不断进行而趋于均等。

要素价格均等化定理，包括要素价格相对均等化和绝对均等化。要素价格相对均等化即在自由贸易的推动下，那些要素价格比率不同的国家逐渐实现了要素价格的相对平衡状态。要素价格绝对均等化则是指，尽管同一种要素在不同国家的价格存在差异，但在自由贸易的背景下，这些要素的价格将逐渐趋于相同。一国所进口的既然是依赖该国的稀少要素才能生产的商品，那么，随着贸易的进行，该国对于该稀少资源的需求就会不断减少；同时，由于一国出口的是依赖该国的丰富要素所生产的商品，那么对于该丰富要素的需求就会相应增加。这样，一方面稀有要素的价格就会趋于下降；另一方面，富裕要素的价格则会上升。至于其他国家的情形也是一样的。最终将导致生产要素价格的均等化。

尽管贸易在推动各国生产要素价格均衡方面发挥了积极作用，但这并不能保证这些价格的一致性。由于各方面的因素，生产布局不可能与要素的分布完全一致，加之贸易的阻碍力量，都使得要素的价格难以实现完全一致。因此，开展国际贸易之后，生产要素的价格仍会保持一定的差距。其具体原因有以下 3 点。

①市场价格的波动受到多种错综复杂的因素的影响，同时，由于不同地区市场的差异，价格的一致性也受到挑战。

②在全球范围内，生产要素的流动受到了限制，同样，即使在国内，生产要素从一个部门转移到另一个部门也存在着一定的不便之处。

③由于大规模的集中生产，不同地区的生产要素价格呈现出差异，这种差异妨碍了生产要素价格的完全平衡。

（三）斯托尔珀—萨缪尔森定理

美国经济学家沃尔夫冈·斯托尔珀（Wolfgang Stolper）和保罗·萨缪尔森（Paul Samuelson）则认为，国际贸易所带来的影响在于不同国家之间的生产要素相对价格与绝对价格会越来越趋同。这样的均同并非一种趋势，而是一种无法避免的倾向。

1941 年，沃尔夫冈·斯托尔珀与保罗·萨缪尔森共同发表了《保护主义与实际工资》一文，提出了生产要素价格均等化的观点。萨缪尔森还在 1948 年发表了《国际贸易与要素价格均等化》一文，论证了自由贸易将导致要素价格均等化的过程，被称为“斯托尔珀—萨缪尔森定理”。该定理的核心理念是只要商品和要素价格在不同国家之间存在差异，贸易就会持续扩大和发展。在这个过程中，两国商品和要素的价格差异将逐渐缩小，最终使两国国内商品和要素的相对价格完全相等。

根据该理论，国际贸易不仅可促进资源配置的合理化，而且可实现各国之间收入分配，从而最终缩小经济差距。因此，这一学说又被称为“要素报酬均等化理论”。由于斯托尔珀－萨缪尔森定理是 H-O 理论的引申，所以赫克歇尔－俄林理论也被称为“H-O-S 理论”。

但是，在现实中，自从近代国际贸易出现以来，国际贫富差距并没有减小，而是持续增长了。这是因为存在一系列阻碍国际生产要素自由流动的因素，从而使得定理的假设前提条件不能够得到满足。

第三节　国际贸易的政策

在经济和外交领域，制定国际贸易政策是一项至关重要的战略举措，它与各国的经济利益和可持续发展息息相关。为了推动国际贸易的蓬勃发展并促进本国经济的繁荣，不同国家根据各自独特的国际贸易理论或学说，纷纷制定出有利于本国的贸易政策。国际贸易政策作为一种调节机制对一国的经济有重大影响。

一、国际贸易政策的概述

在世界经济的不断发展中，国际贸易政策对各国的经济增长起着越来越重要的作用。20 世纪 90 年代，经济的全球化及信息技术的空前发展和贸易自由化的不断推进，使得各国在经济方面的相互依赖性和相互影响更强，在经济和外交领域，制定国际贸易政策是一项至关重要的战略举措，它与各国的经济利益和可持续发展息息相关。

（一）国际贸易政策的定义

国际贸易政策是由各国政府为实现特定的贸易目标而制定的一系列管理原则、方针和措施，旨在促进进出口贸易的发展。一个国家的经济政策体系中，国际贸易政策扮演着不可或缺的角色，它主要是指政府运用关税和非关税措施，改变进出口数量和结构，从而实现宏观经济平衡，并为长期经济增长创造条件。

（二）国际贸易政策的制定目的

尽管各国国情不同，所实行的国际贸易政策也不尽相同，但各国制定国际贸易政策的目的主要包括以下 4 个方面。

1. 保护本国的市场

旨在利用政策避免外国商品对本国市场造成过大冲击，保障本国生产商的利益。

2. 扩大本国商品的出口

采取积极的政策措施，协助国内出口企业提升出口水平，拓展出口市场规模，努力改善对外贸易进出口商品结构。

3. 增加财政收入

关税政策是一国国际贸易政策的重要组成部分。为了增加财政收入，国家实施了关税征收措施，在经济发展过程中，关税和其他税收一样都起到积极作用，同时关税还可以用于维护国内市场的稳定。

4. 实现国民经济的平衡

由于种种原因，有些部门所生产的商品出现供大于求，有些部门的商品可能出现短缺，出现了发展不平衡的现象。通过制定具体的国际贸易政策，国家能够实现国民经济的收支平衡，从而促进经济的可持续发展。国民经济平衡包括外部平衡和内部平衡，二者相互影响。其中，外部平衡是指国际收支平衡。虽然国际收支失衡能够通过市场机制自动调整，但这种调整通常是有条件、不充分的，因此需要政府通过外贸政策进行干预。

（三）国际贸易政策的构成

1．对外贸易总政策

国际贸易政策是根据一个国家的经济整体状况、发展战略和在全球经济格局中的地位而制定的。这是一个国家长期以来实施的重要政策，也是该国对外贸易活动的基础。

2．进出口商品政策

该政策是根据本国经济结构和国内外市场状况，制定的商品结构政策，旨在促进对外贸易的整体发展。同时为了限制某些商品的进口并促进本国该同类商品的出口，才会制定相关的贸易政策。

（四）国际贸易政策的类型

1．自由贸易政策

自由贸易政策强调市场自由和供需互动作用，要求政府对外贸的干预减少，商品和生产要素得以在国家之间自由流通，从而在国内外市场上在一定程度上实现了自由竞争。自由贸易政策是资本主义生产方式发展到一定阶段的产物，也是国际分工进一步深化和扩大的结果。

2．保护贸易政策

贸易保护主义政策通常是经济相对较落后、或竞争力相对较弱的国家所采用的贸易政策。贸易保护政策能够促进一国某些产业的发展，通常是农业国实现工业化与减少失业的必要条件。然而，排除国外产品竞争，也会降低国内生产者对于运用先进技术提高生产效率的兴趣。

3．管理贸易政策

将管理贸易政策视为一种介于自由贸易政策和保护主义政策之间的措施，其独特之处在于其在一定程度上限制了自由竞争，并对涉及国与国之间的贸易活动进行了人为干预，这使得其与自由贸易政策有所不同。

（五）国际贸易政策的制定和执行

1. 影响国际贸易政策的因素

（1）本国经济规模

经济规模较大的国家，由于具有相对丰富的自然资源和较大的市场规模，因而经济自给性较强，这类国家更有可能在对外贸易政策上产生贸易保护倾向。

（2）国内利益集团的影响

贸易政策对不同的利益集团产生的利益影响不尽相同。实施自由贸易政策有利于有竞争优势的产业和生产经营者，会给无竞争优势的产业带来竞争的压力和利益的损害。因此，当某一特定利益集团在国内政治和经济上占据有利地位时，他们通常会施行有利于自身利益的对外贸易策略。

（3）本国在世界经济、贸易组织或协定中所享受的权利和承担的义务

当享有的权利增多时，所应承担的义务也增加。在这种情况下，通常会采取自由贸易政策或管理贸易政策；反之，如果享受的权利较少，承担的义务也较少，这时的贸易政策则偏重于保护贸易政策。

2. 国际贸易政策的制定

各国对外贸易政策通常由主管对外贸易的政府部门制定，以计划、规划、通知、规定等政府文件的方式表达。其他政府部门颁布的正式文件中，涉及国内特定区域或特定产业与产品进出口的内容，同样也是国家对外贸易政策的重要组成部分。

3. 国际贸易政策的执行方式

进出口贸易的监管职责，由海关承担。同时，在某些领域，还具有对外国商品实施特殊监管的职能。作为国家的行政机关，海关肩负着多项重要职责，其中包括但不限于监管货运、征收关税、代征其他法定税费以及打击走私等任务，以维护和执行对外贸易政策。同时，国家还设立了多个机构，专门负责出口管理和进口贸易工作，如美国的商务部和贸易代表办公室。

二、国际贸易政策的历史演变

在资本主义经济体系中，各国对外贸易政策不断演变。同时，随着生产社会化水平的不断提高以及国际经济联系的日益紧密，各国对外贸易政策正逐渐从过

去的独立贸易政策发展为一个相互制约的国际贸易政策体系。

（一）资本主义生产方式准备时期

在16世纪至18世纪期间，资本主义正处于酝酿阶段。这个时期为了追求国家的繁荣发展，欧洲各国广泛实施了以商业为中心的国际贸易政策。该政策最早出现在意大利，随后传播至欧洲其他国家。

为了推动资本原始积累，西欧各国普遍实行重商主义下的强制性保护贸易政策，通过限制贵金属出口和扩大贸易顺差的方式来扩大货币的积累，而英国则是其中实施最为彻底的国家。

（二）资本主义自由竞争时期

18世纪末到19世纪初，资本主义生产方式占据统治地位，资本主义进入自由竞争时期。1820年，英国工业生产在全球工业生产中所占的比重为50%，产业革命在世界范围内的进展使世界市场上的商品大量增加，对外贸易不断扩大，新兴的工业资产阶级需要更广阔的世界市场销售工业品，而重商主义的保护贸易政策阻碍了国际贸易的发展，阻止了资本的自由竞争，因此，工业资产阶级强烈要求实行自由贸易政策。在这种历史背景下，古典经济学派的自由贸易理论取代了重商主义的保护贸易理论。自由贸易理论因顺应了当时社会经济发展的趋势而取得了统治地位。因此，这个时期对外贸易政策的基调是自由贸易，英国是带头实行自由贸易政策的国家。

英国推行自由贸易政策的重要措施有以下5点。

一是取消外贸经营特权。1831年和1833年，英国先后废止了东印度公司对印度和中国贸易的垄断权，将贸易经营权范围扩大到一般涉外公司。

二是降低关税税率，缩减纳税商品项目。在重商主义时期，英国有关关税的法令多达千件以上。英国政府从1825年开始简化税法，实行新的税率制度，关税税率大大降低，进口纳税的商品项目也大大减少。

三是废除《航海条例》和《谷物法》。《航海条例》是英国为限制外国航运业竞争和垄断殖民地航运事业而制定的政策，从1824年起逐步废除，到1854年，英国的沿海贸易和殖民地全部向其他国家开放。《谷物法》是英国政府于1815年颁布的旨在限制或禁止谷物进口的法律。从1838年开始，英国国内掀起了声势浩大的反谷物法运动。1846年，议会通过了废除谷物法的议案，并于1849年生效，从而取得了19世纪自由贸易进程中的最伟大的胜利。

四是改变对殖民地的贸易政策。在18世纪，英国对殖民地的航运享有特权，殖民地的货物输入英国则享受特惠关税待遇。大机器工业建成后，英国对殖民地逐步采取了自由放任的态度，它们不仅可以向任何国家输出或输入商品，而且可以与外国签订贸易协定，建立直接的贸易关系。

五是与外国签订体现自由贸易精神的贸易条约。例如，1860年英国与法国签订了“科伯登”条约。条约规定，英国对法国葡萄酒和烧酒的进口予以减税待遇，并承诺不禁止煤炭的出口。

在英国的推动下，各国纷纷降低关税，荷兰、比利时开始执行自由贸易政策。美国、德国等国家虽然没有推行自由贸易政策，但也不同程度地降低了保护关税，从而使自由贸易政策成为19世纪中后期占主导地位的政策倾向。

（三）资本主义垄断前期

19世纪资本主义自由竞争时期，与英国不同，美国和德国先后实行了保护贸易政策。其基本原因在于，当时这些国家工业发展水平不高，经济实力和商品竞争能力都无法与英国相抗衡，需要采取强有力的政策措施（主要是保护关税措施），为保护本国的工业，避免遭受英国的商品竞争，因而逐步实行了一系列鼓励出口和限制进口的措施。这时的保护贸易政策就是国家广泛利用各种限制进口的措施，保护本国市场免受外国商品的竞争，并对本国商品给予优待和补贴，以鼓励商品出口。

19世纪70年代到20世纪30年代初期，垄断的加强使资本输出占统治地位，资本主义进入垄断时期。这一时期，各国普遍完成了产业革命，工业得到迅速发展，世界市场的竞争开始变得激烈，特别是1929—1933年资本主义经济大危机，使市场矛盾进一步尖锐化。各主要资本主义国家为了垄断国内市场和争夺国外市场，纷纷采取了干预对外贸易，不同程度地提高关税，实行外汇限制，鼓励出口的超保护贸易政策。

（四）世界贸易自由化倾向时期

20世纪50年代至20世纪70年代中期，各主要资本主义国家掀起了一股贸易自由化的浪潮。随着生产国际化和资本国际化的发展，出现了世界范围内的贸易自由化趋势。国家之间通过双边和多边的贸易条约与协定、削减关税壁垒、抑制非关税壁垒等措施，来促进世界贸易的发展。如关税及贸易总协定缔约方通过多边贸易谈判，大幅度地降低了进口关税率；经济集团内部逐渐取消关税；发达国家对发展中国家实行普遍优惠制等。获得独立的发展中国家则大多实行贸易保护主义，社会主义国家实行国家统治下的贸易保护政策。

这种倾向主要表现在大幅度削减关税和降低或撤销非关税壁垒。其中，关税及贸易总协定（GATT）缔约方的平均进口最惠国税率下降至5%左右。当时的“欧洲共同体”（现为欧洲联盟）实行关税同盟，对内取消关税，对外减让关税，使关税大幅度下降。此外，在发展中国家的努力下，发达国家给予来自发展中国家的制成品和半制成品的进口以普遍优惠制待遇。在非关税减让方面，发达国家不同程度地放宽了进口数量限制，扩大进口自由化，增加自由进口的商品；放宽或取消外汇管制，实行货币自由兑换，促进了贸易自由化的发展。

值得注意的是，战后出现的贸易自由化倾向和资本主义自由竞争时期由英国等少数国家倡导的自由贸易不同。资本主义自由竞争时期的自由贸易反映了英国工业资产阶级资本自由扩张的需要，代表了资本主义上升阶段工业资产阶级的利益和要求。战后的贸易自由化倾向是在国家垄断资本主义日益加强的条件下发展起来的，反映了垄断资本的利益，是世界经济和生产力发展的内在要求。它在一定程度上和保护贸易政策相结合，是一种有选择的贸易自由化。在具体实行中，贸易自由化政策形成这样的趋势：工业制成品的贸易自由化程度超过农产品；机器设备类资本品超过工业消费品；区域性经济集团内部的超过其外部；发达国家之间的超过发展中国家。因此，这种贸易自由化倾向发展并不平衡，甚至是不稳定的。当本国经济利益受到威胁时，保护贸易倾向必然重新抬头。

（五）新贸易保护主义崛起时期

新贸易保护主义是相对于自由竞争时期的贸易保护主义而言的。它形成于20世纪70年代中期。其间，资本主义国家经历了两次经济危机，经济出现衰退，陷入滞胀的困境，就业压力增大，市场问题日趋严重。因此，以国内市场为主的产业垄断资产阶级和劳工团体纷纷要求政府采取保护贸易措施。此外，由于工业国家发展不平衡，美国的贸易逆差迅速上升，其主要工业产品如钢铁、汽车、电器等不仅遇到日本、西欧等国家的激烈竞争，甚至还面临一些新兴工业化国家以及其他出口国的竞争威胁。

在这种情况下，美国一方面迫使拥有巨额贸易顺差的国家开放市场；另一方面则加强对进口的限制。因此，美国成为新贸易保护主义的重要策源地。美国率先采取贸易保护主义措施，引起了各国贸易政策的连锁反应，各国纷纷效仿，致使新贸易保护主义得以蔓延和扩张。新贸易保护主义与传统的贸易保护主义相比，具有以下一些特点。

第一，被保护的商品日益增多，范围不断扩大。20 世纪 70 年代中期以来，被保护的对象从传统的工业品、农产品转向技术贸易和服务贸易领域。保护的重点，第一个是陷入结构性危机的产业部门，如纺织业、汽车、服装、制鞋业、钢铁、电视机制造和造船业等。农业作为一种特殊产业，仍是多数国家的保护对象。1977 年，国际多种纤维协定续订以后，欧共体加强了对纺织品和服装的进口限制。从 1977 年起，欧共体对钢铁进口实行限制。与此同时，美国对进口钢铁也采取启动价格制，即在钢铁价格降到当时世界上效率最高的钢铁生产者的生产成本计算的最低价格以下时，即对进口钢铁征收反倾销税。1980—1982 年世界经济危机爆发后，美国对来自日本的汽车规定了自愿出口限额；加拿大、德国也对汽车的进口采取了保护措施。在这一时期，国际多种纤维协定对纺织品进口限制进一步升级，把限制商品种类从棉类、合成纤维扩大到棉麻、棉丝混纺织品。新贸易保护主义的第二个重点是对尖端技术的保护。随着技术的发展，技术已成为世界市场上最重要的商品之一，在各国参与世界市场的竞争中，起着越来越重要的作用。以美国为首的发达资本主义国家，对尖端技术实行极为严格的出口限制。许多国家都设立了防止尖端技术资料外流的海关关卡。高级技术产品如数控工作母机和半导体等也被纳入保护范围。

第二，限制进口的措施从关税壁垒转向非关税壁垒。随着关税减让谈判的继续进行，关税壁垒的作用越来越有限，发达国家更多地用非关税措施来保护市场，其中包括进口限额制、自愿出口限额制、有秩序的销售安排、进口许可证制、外汇管制、歧视性的政府采购政策、进口抵押金、最低限价制以及各种繁杂的技术标准、卫生检疫等。同时，以世界贸易组织的免责条款为依据，滥用反补贴、反倾销这些所谓的维持“公平”贸易的武器来削弱其他国家的商品优势，阻挡进口商品的竞争。这些非关税壁垒措施保护的隐蔽性更强。发达资本主义国家把限制进口的措施，通过自愿出口限制、有秩序的销售安排、管理贸易、有组织的自由贸易等方式进行。

第三，“奖出限入”措施的重点从限制进口转向鼓励出口。20 世纪 70 年代中期以来，随着发达资本主义国家之间贸易战的日益加剧，各国政府不仅努力限制进口，设置贸易壁垒，而且采取各种措施鼓励出口，特别是从财政、金融、组织等方面鼓励出口，促进商品输出。1979 年，美国将外贸管理机构进行改组，成立了总统贸易委员会，加强美国总统对贸易活动的指导。日本、英国和法国等国也设立了相应的促进出口机构。在财政金融方面，许多国家对出口商品实行免征有关的国内税，对出口收入给予减税，对出口商品和开发出口市场提供补贴；设立进出口银行等专门金融机构向出口企业提供优惠的出口信贷，并由政府金融机构对出口信贷提供担保和利息补贴。

第四，贸易保护从国家贸易壁垒转向区域贸易壁垒。随着世界经济一体化的发展，贸易保护主义也由一国的贸易保护演变为区域贸易保护。在区域范围内，国家之间仍实行自由贸易，而对区域范围外的国家则实行共同的关税壁垒。建立经济一体化，实行区域内的共同开放和区域外的共同保护，一方面有利于部分缓解国际矛盾，改善国际收支；另一方面它也产生很多不利的影响，如削弱多边贸易体制、降低资源的配置效率、增强贸易的歧视性待遇等。

（六）贸易自由深化期

1. 以管理贸易政策为主导

在新贸易保护主义的基础上又产生了管理贸易政策，即“有组织的自由贸易”。其主要目的在于既争取本国对外贸易的有效发展，又在一定程度上兼顾他国利益，达成双方或多方均能接受的折中方案，以限制贸易战及其破坏程度，共同担负起维护国际经贸关系相对稳定和发展的责任。20 世纪 90 年代以后，西方发达国家的经济逐渐走出低谷，在美国的示范和推动下，管理贸易政策逐渐成为西方发达国家基本的对外贸易政策。这些国家对内制定各种对外经济贸易法规和条例，加强对本国进出口贸易的有序管理；对外通过协商，签订各种对外经济贸易协定，以协调和发展缔约国之间的经济贸易关系。管理贸易政策的主要表现在以下三个方面。

一是各发达国家加强了贸易立法，使贸易保护主义向合法化和制度化发展。在这个过程中，一些发达国家管理对外贸易的法律已由过去单行的法律发展成为以外贸法为中心，与其他方面国内法相配套的法律体系。

二是双边、区域多边贸易协调日益加强，并与国际多边贸易协调体制相交织。由于关税及贸易总协定——世界贸易组织所构建的国际多边贸易协调体制的影响力受到一定削弱，各国更多地借助双边贸易谈判，实行“公平贸易”政策。在双边贸易协调日益加强的同时，区域集团内部的多边协调管理也随着贸易区域集团化的发展而得到进一步强化。

三是跨国公司逐渐成为管理贸易的主体。作为适应国际贸易新发展的管理贸易，内容非常丰富，它融政治与经济于一体，运用贸易、金融方面的技术，综合开展各种有形和无形的国际贸易，以获取最大的和长远的经济效益，而最能适应这种管理贸易的是在世界经济中占据主导地位的跨国公司。目前，全球许多高科技、高层次、大规模的贸易与投资活动都是以跨国公司为主体进行的。因此，各国都通过跨国公司的跨国经营活动贯彻其对外贸易与投资的战略和政策，跨国公司已成为各国争夺国际市场和获取管理贸易利益的主要力量。

管理贸易政策毕竟包含了保护贸易的诸多措施和因素，尤其是它使贸易保护主义制度化和法律化，同时国际多边贸易关系也在向双边和区域内多边协调关系方向发展，这就为西方发达国家加大贸易保护力度提供了更大的可能性和合法性。从这个意义上来说，管理贸易政策又是进一步引发新的贸易争端的重要制度因素。

2. 强调公平贸易

随着世界经济形势的好转和经济全球化的加速，贸易自由化在已有基础上进一步向纵深发展，成为世界各国对外贸易政策的主流。当今的贸易自由化意味着降低政府对外贸的控制和直接干预，代之以价格机制的调节，扩大服务市场的准入，取消对外投资的限制等。世界贸易组织取代关贸总协定，成为多边贸易体制的组织和法律基础，为全球性的贸易自由化奠定了良好的基础。以世界贸易组织为基础的多边贸易体制作用在加大，地区经贸集团主动推行贸易自由化。发展中国家和地区以及转型国家也主动推行贸易自由化措施。尽管其间各国贸易摩擦不断，但还是以自由贸易为主要原则。

近几年来，西方发达国家一方面反对贸易保护主义；另一方面又强调贸易的公平性。与高筑壁垒抑制外国竞争的保护主义或放任自流的自由主义政策都有所不同，这种公平贸易是指在支持开放性的同时，以寻求“公平”的贸易机会为主旨，主张贸易互惠的“对等”与“公平”原则。具体表现为进入市场机会均等，判定的标准为双边贸易平衡，而不只以是否满足双方进入要求为标准；贸易限制对等，即以优惠对优惠，以限制对限制；竞赛规则公平。可以预见，各国在未来的贸易政策中将继续沿着“公平贸易”的路子走下去。

三、国际贸易政策的选择

贸易政策的本质是国家利益的产物。只要世界上有不同的国家，就有不同的国家利益。各国政府是代表本国居于支配地位的阶级或利益集团的利益，总要站在本国的立场上实行有利于本国的政策。任何一国的国际贸易政策的制定都是以本国利益为基点。总体来说，一个国家实行何种国际贸易政策，取决于这个国家或部门在国际经济中的地位。居优势地位的国家提倡自由贸易政策，其他国家及其部门则愿意实行贸易保护政策。

自由贸易有利于在世界范围内实现资源的合理配置，有利于实现全球经济福利的最大化，所以，自由贸易政策应当是各国政府的最优选择。然而，放眼当今各国的贸易政策就会发现，在自由贸易理论与现实政策之间存在矛盾。首先，自由贸易政策只是个别国家在特殊时期的特殊现象。在通常情况下，各国实行的都是宽松程度不等的保护贸易政策。而且，当代西方国际贸易政策的基本内容不是完全的自由贸易政策，而是以所谓“公平贸易”为目标的具有贸易保护主义倾向的贸易政策。这与鼓吹自由贸易和国际生产专业化的当代西方国际贸易理论的基本精神是背道而驰的。其次，根据比较成本理论，发展中国家应当集中力量于自己具有优势的劳动密集型产品和初级产品，进口发达国家的工业制成品；发达国家则刚好相反，这样对贸易双方都有利。然而，在现实中，我们却看到发展中国家不仅对发达国家的工业制成品实施高额关税，甚至不惜用政府补贴等方法来扶持处于相对劣势的工业行业，而各发达国家不仅没有放弃，反而加强了对那些传统的低效益的劳动密集型工业的保护。最后，自由贸易理论无法准确地解释国际贸易发生的性质和原因。究其原因，主要是它忽略了“国家”作为国际贸易中的实际主体地位，“国家利益”在现代国际贸易理论中是缺位的。“国家利益”可以定义为一切满足国家全体人民物质与精神需要的东西。物质上，国家需要安全和发展；精神上，国家需要得到国际社会的尊重和承认。按利益内容来分，国家利益可以分为政治利益、安全利益、经济利益和文化利益。其中，经济利益是国家对外政策所追求的最主要利益，也可以说，经济利益是根本的利益或最终利益。

随着经济全球化的发展和全球性问题的出现，经济措施也日益成为直接实现发达国家国际政治目标的重要方式。国际贸易政策的政治功效日益显性化。发达国家在世界上所具有的领先的经济发展水平和较强的竞争优势，使得它们选择自由化程度较高的贸易政策。这是因为本国商品在国际市场上具有较强的竞争优势，发达国家无须依赖特殊的国际贸易政策支持本国商品占领国际市场。它们管理经济的侧重点主要是保持本国经济的持续稳定发展、降低失业率等。

发展中国家都有一种强烈的加速经济增长的愿望，因此贸易政策的选择就必须围绕工业化目标的实现展开。发展中国家贸易政策的选择体现国家利益。它既要支持本国具有比较优势的初级产品出口，以获得外汇和技术，又要在一定程度上抵御发达国家的工业制成品对本国市场的冲击，以便为本国的工业化发展提供所需的生产要素和足够的市场空间。由于发展中国家在传统的国际分工关系中，始终是以初级产品的生产者身份出现在国际市场中，而相较于工业制成品，初级产品贸易往往会处于不利地位。所以，通过加速本国工业化扭转本国的商品结构和贸易结构，成为发展的最有希望的途径。面对加速工业化和国外商品竞争的现实，发展中国家选择贸易政策来保护本国市场也成了自然的选择。

世界贸易组织（简称“WTO”）作为倡导和促成战后贸易自由化的产物，对于建立相对自由的贸易体系作出了重要贡献。世界贸易组织正视了国家利益的差别，承认并接受贸易保护对于任何国家都是必要的观点。从维护世界政治经济的稳定和发展的长远利益出发，认为只有认可了国家利益的至高无上，才能保证世界贸易组织规则在重重矛盾中得以运行。

在 WTO 原则中，除了最惠国待遇、国民待遇、关税保护和一般的限制数量等一整套多边贸易规则和原则以外，还有一些例外条款。其中有些原则特别是例外条款，明确表示了它对一定的贸易保护的许可。而且，一项自由贸易原则的后面，紧接着的往往是一项准许贸易限制的例外条款。在紧急行动豁免中，如某一国商品进口突然大增，国内同类工业受到严重损害，造成利润率严重下降、开工不足或有倒闭的危险时，进口国可采取临时性的紧急行动，实行数量限制或中断关税减让。此外，WTO 还考虑到了发展中国家的利益，对发展中国家做了非对等的贸易保护安排，如在第十八条中就明确规定，发展中国家对其幼稚工业可以进行必要的保护。

虽然 WTO 对发展中国家的政策给发展中国家带来的好处极为有限，但它的一些优惠政策确实对发展中国家的经济发展起了一定的促进作用。对于发展中国家来说，也应借助 WTO 规定的其他缔约国不应谋求发展中国家做出有害其经济健全或发展的让步等原则，促进本国经济的发展。

四、贸易政策的国际协调

由于贸易利益的差异及各国经济目标的要求，运用政策调节经济贸易行为，成为政府的主要职能之一。这种各自以本国经济利益为出发点的贸易政策必然产生国与国之间的利益冲突和政策的不协调，从而影响国际贸易的正常发展，各国的贸易利益也将因此而减少甚至消失。因此，国际贸易要真正体现互惠互利，促进世界经济的发展，就必须实现贸易政策的国与国之间甚至是世界范围的协调。为了使国家间经济贸易关系稳定发展，世界各国通过相互签订贸易条约与协定的方式，确定相互间的权利与义务。国际贸易条约与协定反映了国家之间在国际政治舞台上经济力量、政治力量的对比关系，并为缔结国实行对外贸易政策服务。

（一）国际贸易条约与协定的产生和发展

国际贸易条约与协定是指两个或两个以上的主权国家为确定彼此之间的经济贸易方面的权利、义务而缔结的书面协议。贸易条约与协定一般由政府签订，有时也可以由民间组织签订。它们一般都反映了缔约国对外政策和对外贸易政策的要求，并为缔约国实现其对外政策和对外贸易政策的目的服务。

从历史上看，国际贸易条约与协定在资本主义生产方式产生以前就已经存在，并经历了漫长的发展过程。最早的国际贸易条约与协定可追溯到公元前 508 年罗马与迦太基所签订的条约，其内容就包括贸易方面的条款。10 世纪，俄罗斯公爵与拜占庭曾缔结含有贸易方面条款的条约。

在资本主义生产方式准备时期，国际贸易条约与协定已成为欧洲各国对外政策的重要内容。当时，欧洲新兴的资产阶级力图以国家权力保护本国工场手工业，为了限制进口、鼓励出口，就利用贸易条约与协定作为争夺市场和保护自己市场的一种方法。

在资本主义自由竞争时期，随着国际贸易的发展，各国之间对于关税征收的税率、船舶往来各口岸的待遇、一国商人在另一国经营贸易的条件等，都需要通过一定的法律形式来加以调整。这就使得国际贸易条约与协定的缔结和签署也越来越重要，国际贸易条约与协定不仅在数量上大大增加，而且在内容上远比以往复杂得多。

在帝国主义时期，垄断组织为了追求高额垄断利润，更需要利用国际贸易条约与协定作为实现对外经济扩张，夺取销售市场、原料来源和投资场所的重要方法。国际贸易条约与协定已成为一些国家强行剥削和奴役弱小国家的工具。第二次世界大战以后，许多发展中国家为了维护国家主权和保护民族经济的发展，在平等互利的基础上与其他国家签订了一些贸易条约与协定。社会主义国家为了加强同世界各国的经济、贸易关系的发展和各国人民的友好往来，促进社会主义经济建设和对外贸易的发展，根据独立自主的原则，在平等互利的基础上与许多国家签订了贸易条约和协定。我国已经同世界上绝大部分国家和地区建立了贸易关系，并同许多国家签订了国际贸易条约与协定。

（二）国际贸易条约与协定依据的法律条款

在国际贸易条约和协定中，通常所适用的法律待遇条款是最惠国待遇条款和国民待遇条款。

1. 最惠国待遇条款

最惠国待遇是国际贸易条约与协定的一项主要条款。其基本含义是：缔约国一方现在或将来所给予任何第三国的一切特权优惠及豁免待遇，也同样给予缔约对方。最惠国待遇的基本要求，是使缔约一方在缔约另一方享有不低于任何第三方享有的待遇。即要求一切外国人或外国企业处于同等地位，享有同样的待遇，不给予歧视待遇。从贸易角度看，这一条款使来自不同国家的进口商品在一个缔约国的市场上处于同等的竞争地位。

（1）最惠国待遇条款的种类

从国际贸易条约和协定的长期实践来看，最惠国待遇条款形成以下 5 种基本形式。

①无条件与有条件的最惠国待遇条款。

无条件最惠国待遇是指缔约国一方现在或将来给予第三国的任何特权、优惠或豁免，应立即无条件地、无补偿地、自动地适用于缔约国对方。有条件的最惠国待遇是指如果缔约国的一方给予第三国的优惠是有条件的，那么缔约国另一方必须提供同样的补偿，才能享受这种待遇。如果给予第三国的优惠待遇因条约期满而告终，给予缔约国另一方的同等优惠也就随之取消。

无条件的最惠国待遇条款最早是英国采用，所以又称作“欧洲式”最惠国待遇条款；有条件的最惠国待遇条款最早是美国采用，所以又称作“美洲式”最惠国待遇条款。现在的国际贸易条约与协定中，有条件的最惠国待遇条款已很罕见，无条件的最惠国待遇条款被普遍采用。但为了避免产生歧义，现代国际贸易条约与协定中的最惠国待遇条款上，仍有必要注明无条件的字样。

②相互和片面的最惠国待遇条款。

相互的最惠国待遇条款是缔约国双方赋予对方以最惠国待遇。也就是说，最惠国待遇是平等的，相互的。但在历史上，帝国主义国家同殖民地半殖民地国家签订的贸易条约与协定中的最惠国待遇条款，往往是片面的、不平等的。即帝国主义国家要殖民地国家给予最惠国待遇，而殖民地国家则不能享有帝国主义宗主国提供的最惠国待遇。显然，片面的最惠国待遇条款是一种不平等条款，附有这种条款的条约也就必然是不平等的。第二次世界大战后，随着民族独立和人民解放运动的高涨，国际形势发生了深刻的变化，发达资本主义国家已不能再像过去那样把片面的、不平等的最惠国待遇条款强加于人了。

③无限制的和有限制的最惠国待遇条款。

无限制的最惠国待遇条款是指这个条款对最惠国待遇的适用范围不规定任何限制；有限制的最惠国待遇条款是对最惠国待遇的适用范围有商品类别或来源地等限制规定。

④积极式的和消极式的最惠国待遇条款。

这是从最惠国待遇条款的义务方面进行划分的。最惠国待遇条款的义务包括积极的义务和消极的义务。积极的义务是要求缔约国一方现在或将来所给予任何第三国的一切特权、优待和豁免，应当立即无条件地适用于缔约国的另一方；消极的义务是要求缔约国一方不得给予缔约国另一方低于任何第三国的待遇。

⑤简单式和完整式的最惠国待遇条款。

这是从最惠国待遇条款的条文结构上划分的。凡双边贸易条约与协定中仅以一个条文笼统地规定最惠国待遇的为简单式的最惠国待遇条款；凡双边贸易条约与协定中以较多的条文详细地规定最惠国待遇使用情况者，则为完整式的最惠国待遇条款。

（2）最惠国待遇条款适用的范围

最惠国待遇条款可以适用于缔约国经济贸易关系的各个方面，也可以只在贸易关系中某些具体问题上适用。在签订贸易条约与协定时，缔约双方往往对最惠国待遇的适用范围加以列举，在列举范围以内的事项适用最惠国待遇条款；在列举范围以外的，则不适用最惠国待遇条款。最惠国待遇条款的适用范围通常包括以下五个方面。

一是进口关税率、各种附加税，征收的方法及海关的报关手续等方面彼此适用最惠国待遇。

二是船舶驶入、驶出和停泊时的各种税收、费用和手续等方面双方适用最惠国待遇。

三是铁路运输及过境，主要在运费率和铁路运输手续方面彼此提供最惠国待遇。

四是自然人和法人的法律地位问题，主要是指缔约双方自然人和法人的经济权利，主要包括移民权、财产购置权、经营工商业权、捐税方面的权利和义务、法律保护等所适用的最惠国待遇。

五是特有所有权，即在双边贸易条约与协定中有时规定缔约双方自然人和法人在对方境内取得和使用专利权、商标权、版权和其他特有所有权问题上适用最惠国待遇。

六是进口配额的分配，即缔约双方在缔结贸易条约和协议时，往往规定缔约方之间按最惠国待遇的原则分配给缔约国对方商品的进口配额。

（3）最惠国待遇条款适用的限制和例外

在国际贸易条约与协定中，一般都规定有适用最惠国待遇的限制或例外条款。

①最惠国待遇条款适用的限制。

这是指在贸易条约所规定的理由存在时，即不适用最惠国待遇。最惠国待遇条款的适用限制可分为两种，即直接限制和间接限制。前者在贸易条约或协定中明确规定最惠国待遇适用范围的限制，通常从商品范围上、地区上和商品来源上等加以限制。后者未在条约或协定中明确规定，而采用其他办法（如将税则精细分类等）以达到限制缔约国的某些商品适用最惠国待遇的范围。

②最惠国待遇条款适用的例外。

这是指在贸易条约所规定的某些场合下，不适用最惠国待遇。在现代的贸易条约和协定中最常见的最惠国待遇的例外有以下 4 种。

A. 边境贸易

一些国家往往把边界两边各 15 千米以内的小额贸易当作特殊的当地贸易来处理，在关税、海关通关手续上给予减免等优惠，以促进边境地区的经济发展。这种优惠不适用于任何缔结有最惠国待遇条款国家的正式贸易关系。

B. 关税同盟

已结成关税同盟的成员方之间在关税上的免税待遇，作为最惠国待遇的例外处理。

C. 国内法令和规章的规定

一国为了维持社会秩序、国家安全、人民保健、保护濒危动物、防止动植物的病害、衰退、死亡等制定的法令和规章，在执行过程中缔约国双方有权对这类商品的输入或输出加以限制和禁止，这种行为不应作为对最惠国待遇的违背。

D. 沿海贸易和内河航行

当最惠国待遇适用于航行问题时，对于缔约国一方在沿海贸易和内河航行方面给予他国的优惠视为例外。

2. 国民待遇条款

国民待遇，也称“平等待遇”，是国际贸易条约与协定中常包括的一项条款。国民待遇条款基本含义是指缔约国一方保证缔约国另一方的公民、企业和船舶在本国境内享受与本国公民、企业和船舶同等的待遇。

按照当前国际惯例，国民待遇是有一定限制的。它一般适用于外国公民的私人权利（私人财产、所得、房产、股票等）、外国产品应缴的国内捐税、利用铁路运输和转口过境的条件、船舶在港口的待遇以及知识产权等。根据现行国际公约，如《保护工业产权巴黎公约》《世界版权公约》的规定和有关国家的国内立法，仅在一定范围内给予外国自然人与法人国民待遇，如船舶遇难施救、商标注册、申请发明专利权、著作权以及享有民事诉讼权利等。但并非本国公民或企业所享有的一切权利都包含于国民待遇条款之内，如沿海贸易权、领海捕鱼权、沿海和内河航行权、购买土地权、零售贸易权以及充当经纪人等，则只准本国人民享有，不属于国民待遇的适用范围。

总之，国民待遇必须是互惠的、平等的，同时不得损害对方国家的独立、安全和经济主权。

（三）国际贸易条约与协定的种类

国际贸易条约与协定的种类很多，主要有通商航海条约、双边贸易协定和贸易议定书、支付协定、国际商品协定和商品综合方案等。

1. 通商航海条约

通商航海条约，又称“通商条约”“友好通商条约”等，是全面规定缔约国之间经济和贸易关系的条约。其内容比较广泛，常涉及缔约国之间经济和贸易关系的各方面问题。一般说来，这种贸易条约的正文包括的主要内容有以下 7 个方面。

（1）关于缔约国双方进出口商品的关税和通关待遇问题

这是通商航海条约中的主要问题，其中包括缔约国双方对进出口商品关税问题，海关附加税问题以及履行海关通关手续等问题依据的原则，一般为最惠国待遇原则。

（2）关于船舶航行和港口使用等问题

通常规定缔约国一方的船舶进入另一方港口在卸货和装货、停泊时缴纳港口捐税等方面应享有最惠国待遇或国民待遇。

（3）关于铁路运输和过境问题

在条约中规定缔约国双方在运送旅客、货物及办理铁路运输手续和运费等方面应相互给予什么待遇。由于铁路运输方面已签订若干国际多边公约或协定，如《国际铁路货物运送规则》《国际铁路货物联运协定》等，通常在条约中引用这些多边公约或协定。

（4）特有所有权问题

在条约中往往规定缔约国双方公民和企业在对方境内享有和利用专利权、商标权、版权和其他特有所有权等问题的条款。通常在这些问题上引用相应的国际公约。

（5）进口和出口的数量限制问题

由于许多国家往往采用进口配额制、进出口许可证制等数量限制措施，因此有些条约对这些问题做了某些规定，如数量限制的对象和限制的原则等。

（6）关于仲裁的执行问题

仲裁条款规定缔约国之间的贸易企业发生争议时，经缔约国一方的仲裁机构做出裁定时，缔约国另一方承担在其本国内执行仲裁裁决的义务。

（7）其他问题

在有些通商航海条约中，还根据缔约国之间的经济和贸易的具体情况，规定其他内容，如样品和展览品的免税输入、领事的待遇、国有化问题等。

通商航海条约的有效期较长，一般为 3~5 年，到期后还可继续延长。

2. 贸易协定

贸易协定是两个或几个国家之间调整它们相互贸易关系的一种书面协议。其特点是对缔约国之间的贸易关系规定得比较具体，有效期一般较短，签订的程序也较简单，一般只需经签字国政府首脑或其代表签署即可生效。贸易协定正文的主要内容，通常包括以下 5 个方面。

（1）最惠国待遇条款的规定

在协定中通常规定最惠国待遇条款及其适用范围和例外，以便减少和避免缔约国双方在执行过程中的分歧。

（2）进出口商品货单和进出口贸易额

在这方面，有的协定规定得比较笼统，只对双方进出口商品和贸易额的增长表示期待。有的协定具体规定在协定有效期内双方进出口货单和贸易额。主要可分为三种。

一是在协定中附有进出口总货单，明确规定双方相互供应的货物品种和贸易额。进出口货单是贸易协定不可分割的部分；这种货单对双方具有较大的约束力，双方政府必须保证实现。

二是在协定中对货单中的一种或几种主要进出口商品规定一定的数量或金额，由缔约国双方政府保证实现，货单的其余部分则只列出商品的品名而不规定数量和金额，由双方的外贸企业自行联系成交。

三是把货单作为协定的附表，在附表中仅列出商品的种类及主要品名，不列数量或金额，双方政府仅保证发给进出口许可证。

（3）作价原则和使用货币的规定

作价原则是指确定双方交易的货物价格的制定原则。通常规定签订合同时以该种商品在国际市场上有代表性的价格作为基础，由双方进出口贸易公司协商确定。使用货币是指进出口双方在业务中产生的债权和债务的清偿所使用的货币，如规定某一种可兑换的货币、双方某一缔约方的货币或第三国货币。有的协定在这方面未作具体规定，由双方贸易公司在合同中自行确定。

（4）支付和清算办法的规定

支付与清算办法的规定不尽相同。有的贸易协定规定采用记账结算或双边清算办法进行结算；有的规定部分货款采用记账结算，另一部分采用现汇支付的办法；有的规定全部货款都用现汇支付。在贸易协定中把支付协定中各种条款都包括在内，这种协定就成为贸易与支付协定。

（5）优惠关税的规定

在有些协定中规定了优惠关税条款，主要有两种：一是直接明确具体商品的优惠关税税率。即两国之间通过协商确定一部分具体商品的进口优惠税率。其中包括商品税目、商品名称和优惠的税率；二是间接确定适用某种关税税率。即在协定中只规定某些商品能享受免税或最低税率的待遇，这些免税或最低税率的具体内容，在协定中并无规定。

3. 贸易议定书

贸易议定书是指缔约国就发展贸易关系中某项具体问题所达成的书面协议。

贸易议定书是作为贸易协定的补充、解释或修改而签订的。有的贸易议定书是协定的附件，有的则不作为附件。此外，在签订长期贸易协定时，关于年度贸易的具体事项，往往通过议定书的方式加以规定。贸易议定书的签订程序和内容比贸易协定更为简单，一般由签字国有关行政部门的代表签署后即可生效。

4. 支付协定

支付协定也称“清算协定”，两个或两个以上国家（或地区）关于相互间的对外贸易仅其他方面债权和债务结算的协定。支付协定有双边和多变等方式，协定内容一般都体现有关国家的对外政策，有集中结算机的名称，账户的设立、账户支付范围、清算货币、清算办法、货币保值、余额的最后结算办法等。它往往与贸易协定同时签订、以利多方清算和支付。支付协定的主要内容有以下6个方面。

（1）清算机构的规定

支付协定的目的在于避免支付外汇和黄金，而采用直接抵销债务债权的办法进行两国之间的结算。因此，必须设立清算机构。通常双方都指定它们的中央银行作为清算的负责机构，处理双边的清算工作。

（2）清算账户的规定

清算机构办理清算业务是通过清算账户进行的。清算账户主要有两种：一是单边账户，即只在缔约国一方的中央银行开立清算账户。二是双边账户，即缔约国双方的中央银行，互为对方国家开立清算账户，目前绝大多数的清算账户是双边账户。

（3）清算项目与范围的规定

清算项目与范围是指两国间的贸易和非贸易往来应通过清算账户进行结算的项目与范围。清算项目与范围除进出口贸易外，还包括进出口贸易的从属费用，如运费、保险费、佣金等。此外，也可包括一些其他项目，如外交费用、侨汇等。凡未列入清算范围的项目结算，仍用收付现汇的方法办理。

（4）清算货币的规定

在单边账户下，用开立清算账户国家的货币记账和进行支付；在双边账户下，使用货币分为记账货币和支付货币两种。记账货币可以用一方的货币，也可以用第三国的货币，用何种货币记账由双方谈判后在协定中确定。但双方债权人和债务人在具体办理收付时，则应分别使用本国的货币。

（5）清算方法的规定

缔约国双方债务人，主要是进口商，要用本国货币把应付款项通过指定银行交入负责清算的本国中央银行，记入对方国家的清算账户，结清所欠的债务；而缔约双方的债权人，主要是出口商，也应通过指定银行，从本国中央银行的清算账户领取本国的货币，收回货款。缔约国双方的中央银行，要把收付款项互相通知，以便了解双方债务与债权清算的情况，尽量保持双方清算账户的平衡。为此，第二次世界大战后，支付协定中通常规定了信用“摆动额”，即允许清算账户存在一定限度的差额。如果摆动额超过了规定范围，则超过部分要以一定的方式进行结算，以防止差额扩大，产生一方长期提供信贷的现象。

（6）清算账户的差额处理

支付协定都规定有效期，协定到期时，协定所规定的清算项目仍可进行一段时间，一般为3～4个月，清算的账户差额才进行总结算。清算账户差额的处理方法主要有以下四种：在一定期限内由债务国向债权国输出商品；用双方同意的可兑换的货币或黄金支付；用双方同意的其他不可兑换的货币支付；将金额转入下年度清算账户内。

5. 国际商品协定

国际商品协定是指某些初级产品的主要出口国和进口国之间为了稳定该项商品的经济效益，保证供销稳定和促使其发展等目的所缔结的政府间的多边协定。

国际商品协定的主要对象是发展中国家所生产的初级产品。发展中国家希望通过维持合理的价格，保证这些商品的生产和销售。而作为初级产品主要消费国的发达国家则希望通过商品协定，在维持正常供给的条件下，保证价格水平不至过高。因此，在谈判和签订协定过程中，发展中国家和发达国家存在利益矛盾。经过长期斗争，签订了国际谷物、天然橡胶、糖、咖啡、可可、黄麻及其制品、橄榄油及热带木材等商品协定。

具体的国际商品协定虽不相同，但其内容一般由序言、宗旨、经济条款、行政条款和最后条款等部分构成，并有一定的格式。其中，经济条款和行政条款是国际商品协定中两项主要的条款。

（1）经济条款

该条款是确定各成员方权利和义务的依据。它关系到各成员的具体权益，是国际商品协定中最重要的内容。由于商品不同，有关经济条款的内容也不尽相同。从现行的国际商品协定来看，经济条款主要有以下 6 种规定。

①缓冲存货，这是由该商品协定的执行机构按最高限价和最低限价的规定，运用其成员国提供的实物和资金，干预市场和稳定价格。其办法是当价格高涨到最高限价及其以上时，抛售缓冲存货的实物以维持价格在最高限价之下；当市场价格跌到最低限价及其以下时，利用缓冲存货的现金在市场上收购，把价格保持在最低限价以上。

②出口限额的规定，这种条款规定一个基本的出口限额，每年再根据市场需求和价格变动，确定当年平均的年度出口限额。年度出口限额按固定部分和可变部分配给有基本限额的各出口成员国。固定部分占全部年度限额的 70%，可变部分占 30%。可变部分按出口成员国的库存量占全体出口成员国家总库存量的比例进行分配。

③多边合同的规定，这种条款规定，进口国在协定规定的价格幅度内，向各出口国购买一定数量的有关商品；出口国在协定规定的价格幅度内，向各进口国出售一定数量的有关商品。当进口国在完成所应进口的数量后，可在任何市场以任何价格购买任何数量的有关商品。出口国在完成所应出口的数量后，可在任何市场以任何价格出售任何数量的有关商品。因此，它实际上是一种多边性的商品合同。

④出口限额与缓冲存货相结合的规定，这是指同时采用这两种办法来控制市场和稳定价格。国际可可协定采用这种办法。首先，规定可可豆的最高限价和最低限价；其次，确定指示价格，指示价格是纽约可可交易所和伦敦可可集散市场 15 个连续营业日的每日价格的平均数；最后，当指示价格超过最高限价或最低限价时，可可理事会就采取出口限额和缓冲存货所规定的办法调节价格，使价格恢复到最高限价与最低限价的幅度内。

（2）行政条款

该条款主要涉及权力机构和表决票的分配。国际商品协定的权力机构有理事会、执行委员会和监督机构。虽然名称不统一，但都是协定的最高权力机构的常设机构。各权力机构达成的协议，除采用协商一致的办法外，一般要通过表决决定。各成员国对重大问题进行投票表决，是参加协定成员的一项基本权利。因此，各协定对表决票的分配及其使用有具体的规定，以保证每个成员国享有一定的表决权。

（3）最后条款

该条款主要规定协定的签字、批准、生效、有效期、加入、退出等具体程序和手续。

从国际商品协定的执行情况来看，这些协定对于稳定商品价格和生产国的出口收益，适当满足消费国的需要起到了一定的作用。但由于少数发达国家的干扰，一些协定不能完全发挥应有的作用。在这种情况下，发展中国家提出建立商品综合方案的主张，要求用一种综合的办法来解决初级产品贸易问题。

第四节　国际贸易的措施

一、关税

（一）关税的定义

各国政府干预本国对外贸易活动的政策措施可以分为两大类型分别是关税措施和非关税措施。所谓关税措施，就是在本国关境上形成一道无形的堤坝，借以控制本国商品的输出或外国商品的输入。从总体上说，各国的对外贸易政策向贸易自由化方向发展，但毕竟还没有完全自由化，关税仍然是一国对外贸易中的一项重要的对外贸易措施，同时，关税也是国家政府财政收入的重要源泉。一般而言，关税措施主要涉及进口关税，但有些发展中国家为了维持特定产品的出口价格，也会征收出口关税。关税会对本国、外国以及世界贸易的贸易量、贸易结构和贸易参与国的国民福利产生不同的影响。

关税在历史上与国内其他税收一样，只是一种增加国家财政收入的措施，后来人们才认识到它是贸易政策的重要方法。关税具有强制性、无偿性和固定性，这是它同其他税收的共性特征，关税又具有区别于其他国内税收的特性。关税征收的对象是经过一国关境的进出口货物，其执行机构是海关。关税名目繁多，需要分类研究。海关征税的依据是关税税则。

关税是由一国海关对进出口的货物和物品向进出口商人征收的一种税收。这是关税的一般定义。关税的纳税主体是进出口商人，客体是出入关境或跨越关境的进出口货物和物品，或简称“货品”。

关税与国家凭借政治权力规定的其他税赋一样，具有强制性、无偿性和固定性。强制性是指关税是由海关凭借国家权力依法征收，纳税人必须无条件服从；无偿性是指海关代表国家单方面从纳税人方面征收，而国家无须给予任何补偿；固定性是指关税是由海关根据预先规定的法律与规章加以征收，海关与纳税人双方都不得随意变动。关税的纳税人即税收主体，是本国进出口商，但最终是由国内外的消费者负担，它属于间接税的一种。进出口货物则是税收客体，即依法被征税的标的物。

需要注意的是，进出境货物和物品，指的是有形的货品（近年来，电力作为一种特殊商品被列为征税商品。电虽然是无形的，但它是由电缆输送且可以具体计算出来的）。无形商品如科学技术、文艺美术、专利发明等虽然具有价值，也是国际的交易对象，但是海关不能对这些无形商品征收关税。只有在无形商品的价值体现在某种有形商品（如书刊、文物、书画、录音、录像带、磁带、软盘等）中出入境时，有关的载体才成为关税的课税对象。同样，关税仅以进出境的货物或物品为课税对象。因为由海关征收的税不一定都是关税。进出境货品在海关征收关税后，在其进入进口国国内流通时，应当征收与进口国本国商品相同的国内税费。一般来说，这些国内税费由海关在进口环节与关税一起征收。所以，征收的税收中有的包括国内税费。

基于以上对关税概念的不同认识，这里所使用的关税定义，是指专门以进出境货品为课税对象的税，其中包括由海关征收的惩罚性关税等。

（二）关税的分类

1. 按照征收的对象和商品流向分类

（1）进口税

进口税是指外国商品进入一国关境时或者从自由港、出口加工区、保税仓库进入国内市场时，由海关根据海关税则征收的一种关税。进口税是关税中最重要的税种，也是保护关税的主要措施。通常所说的关税壁垒，主要是指征收进口税。由于进口国同世界各国的政治、经济、外交等关系不尽相同，对同一进口商品根据不同的生产国或出口国采取不同的进口税率。即进口税率可分为普通税率、最惠国税率和普惠制税率。普通税率适用于没有同进口国签订有最惠国待遇条款的贸易协定的国家或地区间所进口的商品，税率最高；最惠国税率适用于与进口国签订有最惠国待遇条款的贸易协定的国家或地区间的进口商品；普惠制税率适用于享受普惠制待遇的发展中国家的商品进口，税率最低。

（2）出口税

出口税是出口国的海关针对本国商品输往国外时，对出口商征收的一种税收。由于征收出口税会增加出口商品的成本，削弱出口商品竞争力，不利于扩大出口，目前大多数国家一般不征收出口税。少数国家对在世界市场上已具有垄断地位的商品，酌量征收。少数发展中国家，为了抑制原料的出口或者增加财政收入而征收出口税。为了防止跨国公司利用“转移定价”逃避或降低其所在国的纳税，向跨国公司出口商品征收高额出口税，以维护本国的经济利益。

（3）过境税

过境税又称“通过税”，是一国对于通过本国关境的外国商品所征收的关税。其特点是征税国不是贸易的当事人，而是独立于进出口国之外的第三国。在资本主义生产方式的准备时期，过境税曾被欧洲各国普遍采用过，征收的目的是增加财政收入。后来，随着产业革命的进行以及交通运输业的激烈竞争，同时，由于过境税率比较低，财政收入意义不大，1850 年，资本主义各国相继取消了过境税。

2. 按照差别待遇和特定的实施情况分类

（1）进口附加税

进口附加税又称“特别关税”，是指进口国对进口商品除征收一般关税以外，出于某种特定的目的而额外加征的关税。进口附加税不同于进口税，也不像进口税那样受到世界贸易组织的严格约束而只能降不能升，其税率的高低往往视征收的具体目的而定。征收进口附加税通常是作为限制进口的一种临时性的措施来实施的。其目的主要有应对国际收支危机，维持进出口平衡；防止外国商品低价倾销；对某个国家实行贸易歧视或报复等。

①反倾销税是指进口商品以低于正常价值的价格进行销售，并对进口国的同

类产业造成实质损害或重大损害威胁时，按其倾销差额所征收的进口附加税。其目的在于抵制商品倾销，保护本国国内同类产业。反倾销税税额一般按倾销幅度征收，以抵销倾销商品价格与正常价格之间的差额。

关于倾销和反倾销问题，WTO 在《关于执行 1994 年关贸总协定第六条的协议》中，对实施反倾销措施的基本要件、反倾销措施、反倾销税的征收和价格承诺以及实施反倾销措施的基本程序等做了明确规定。如果某进口商品被确认倾销，一般来说就可以采取反倾销措施。反倾销措施包括临时反倾销措施、价格承诺和最终反倾销措施。

②反补贴税又称“反贴补税”“抵销税”或“补偿税”，它是对直接或间接地接受出口补贴的外国商品进口所征收的一种进口附加税。征收反补贴的目的在于增加进口商品的成本，抵销进口商品所享受的补贴金额，削弱其竞争能力，使进口国家的同类商品能与之在市场上公平地竞争，从而保护进口国的国内生产和市场。反补贴税的税额一般应按接受补贴的水平征收。

WTO 在《补贴与反补贴措施协议》中，对国际货物贸易的补贴以及各成员国运用补贴与反补贴做了明确规定，其目的是有效约束和规范补贴的适用，防止补贴对竞争的扭曲；同时通过规范反补贴程序和标准，来防止成员国滥用反补贴措施，阻碍公平交易。

《补贴与反补贴措施协议》将补贴分为禁止性补贴、可诉补贴和不可诉补贴三类。禁止性补贴又称“红灯补贴”，包括出口补贴和进口替代补贴。出口补贴是指法律上或事实上以出口实绩为条件而给予的补贴；进口替代补贴是指以使用国产货物为条件而给予的补贴。任何成员不得实施或维持此类补贴。可诉补贴又称“黄灯补贴”，是指在一定范围内允许实施，但如果在实施过程中对其他成员的经济贸易利益造成严重损害，或产生了严重的歧视影响时，则受到影响和损害的成员可以对其补贴措施提出申诉。对于这类补贴，往往要根据其客观效果才能判定是否符合世界贸易组织规则。不可诉补贴又称“绿灯补贴”。《补贴与反补贴措施协议》规定了两类不可诉补贴：一类是不具有专向性的补贴；另一类是符合特定要求的专向性补贴。不具有专项性的补贴即那些具有普遍性的补贴，这类补贴不是针对特定企业、特定产业和特定地区的补贴。符合特定要求的专向性补贴包括研究和开发补贴、贫困地区补贴、环保补贴等。

反补贴措施是指进口方主管机关应国内相关产业的申请，对受补贴的进口商品进行反补贴调查，并采取征收反补贴税或价格承诺等方式，抵销进口商品所得到的补贴，恢复公平竞争，保护国内产业。

③报复关税是当别国在关税上对本国商品或本国船舶运输的商品实施歧视待遇时，为报复别国的这种行为而征收的额外关税。报复关税一般在以下三种情况下采用：第一，他国对另一些国家给予了较本国更加优惠的待遇；第二，他国对本国货物或由本国船舶运输的货物所征的关税不合理；第三，当贸易条约期满或者需要续约或者要重新订约时，他国对本国提出了不合理的要求。当对方取消其歧视待遇时，报复关税即随之取消。

（2）差价税

差价税又称“差额税”。当某种本国生产的商品国内价格高于同类进口商品的价格时，为了抵消进口商品的竞争优势，保护国内生产和国内市场，按国内商品与进口商品间的价格差额征收的关税，就叫“差价税”。由于差价税是随着国内外价格差额的变动而变动的，因此它是一种滑动关税。对于征收差价税的商品，有的规定按价格差额征收，有的规定在征收一般关税以外另外征收，这种差价税实际上属于进口附加税。

征收差价税的典型例子是欧盟所实行的共同农业政策中的差价税制度。该政策的目的在于统一欧盟区域内的农产品市场价格，保护其农产品免受非成员国低价农产品的竞争。欧盟对农产品征收差价税的办法比较复杂。它首先由欧盟官方机构制定统一的目标价格和干预价格。前者是以欧盟内部市场中生产效率最低而价格最高的内地中心市场的价格为准制定的，一般高于世界市场价格；后者是欧盟官方给欧盟农民提供的最低价格，如果市场实际价格低于干预价格，有关机构就从市场上收购农产品，以便把市场价格维持在干预价格以上。此外，以目标价为基础，还形成各个谷物进口港的门槛价格，或称“闸门价格”。它等于目标价扣除了从中心市场到农产品进口港之间的运费以后的价格。门槛价格是欧盟对进口农产品征收差价税的基础，差价税的税额是根据农产品实际的进口价与其门槛价格的差额部分来征收的。差价税的征收使进口农产品在欧盟市场上基本上丧失了竞争能力，从而使这一市场得到有效保护。

（3）特定优惠关税

特定优惠关税又称“特惠关税”，是指从特定国家或地区进口的全部或部分商品，给予特别优惠的低关税或免税待遇。特惠税一般在签订友好协议、贸易协定等国际协定或条约国家之间实施，不适用于最惠国待遇原则，任何第三国（或地区）不能根据最惠国待遇原则要求享受这种优惠待遇。根据是否互惠，特惠关税保护互相惠予和单方惠予（非互惠）两种形式，特惠税税率一般低于最惠国税率。

（4）普遍优惠制

普遍优惠制简称“普惠制”，是发达国家承诺对从发展中国家和地区进口的某些商品，特别是制成品和半制成品（包括某些初级产品）给予普遍的、非歧视的、非互惠的关税优惠待遇，即发展中国家享受普遍优惠税。所谓“普遍的”是指主要发达国家应对发展中国家或地区出口的制成品和半制成品给予普遍的优惠待遇；所谓“非歧视的”是指应使所有发展中国家或地区享受这种优惠待遇；所谓“非互惠的”是指发达国家单项提供这项优惠待遇而不得要求发展中国家提供反向优惠来回报。

普惠制的目的是增加发展中国家或地区的外汇收入，加速发展中国家的经济增长。它是发展中国家在联合国贸易与发展会议上进行长期斗争之后，在 1968 年建立起来的一项制度，1971 年 7 月 1 日这一制度开始生效。目前，世界上有 190 多个国家和地区享受普惠制待遇，普惠制的给惠国有 40 个，这些国家在实行普惠制时制定了不同的方案，但就其基本构成要素来说，主要包括以下内容。

①对受惠国家和地区的规定。普惠制在原则上应对所有发展中国家或地区都一视同仁，无一例外地提供关税优惠待遇。但给惠国从各自的对外政策和政治经济利益出发，对受惠国家或地区进行限定。受惠国的名单主要是根据发展中国家的经济和政治发展状况由给惠国单方面决定。例如，在美国的方案中，石油输出国组织、非市场经济的社会主义国家、与美国的贸易中有歧视或敌对的国家均被排除在受惠国名单之外。

②对受惠商品的规定。普惠制原则上应对受惠国家或地区的制成品和半成品普遍实行关税优惠，而实际上许多给惠国在公布的受惠商品名单中农产品受惠较

少，工业品受惠虽然较多，但是仍有许多商品如纺织品、鞋类和某些皮革制品都排除在受惠商品之外。

③对受惠商品优惠幅度的规定。惠商品的减税幅度是以其最惠国税率和普惠制税率之差为标准的，最惠国税率越高，普惠制税率越低，减税幅度就越大。给惠国按照一定的标准对不同的给惠商品给予不同的减税幅度。一般说来，农产品的优惠幅度较小，而工业品的优惠幅度较大。

④毕业条款。一些给惠国家按照自己的定义和标准，取消一些已经获得较强出口竞争力的发展中国家的普惠制待遇。即当某一受惠国的某项受惠商品或其经济发展到较高的程度，则取消该项受惠商品或全部受惠商品享受普惠制待遇的资格。取消某项商品或部分商品享受普惠制待遇的资格，称为“产品毕业”；取消全部商品的受惠资格，称为“国家毕业”。国家毕业的标准主要是根据国民收入指标来制定的。

（三）关税的制度

关税作为调节一国进出口贸易的一项重要措施，需要依据一定的规则与方法来设置。同时，关税在保护本国产业的发展，增强本国商品的竞争能力方面的作用，关税水平的高低等，也需要有一个准确的测量方法。关税制度是指一个国家征收关税的准则和规范。它主要由征税标准和海关税则两方面的内容组成。

1. 征税标准

关税的征税标准又称征税方法。目前主要采用从量税、从价税、混合税、选择税和滑准税五种关税。

（1）从量税

从量税是按照商品的重量、数量、容量、长度、面积计量单位为标准计征的关税。从量税的征收对象通常是大宗初级产品和标准产品。

计算公式：从量税税额 = 商品数量 × 从量税率

从量税的优点是税额便于计算，以货物的计量单位为征税标准，不必考虑价格、品质、规格等问题；对低档低价的进口商品限制作用强。从量税不因商品价格低廉而少征关税，相对来讲削弱了低档低价商品的竞争力；税额固定，当进口商品价格变动时，税额不变，财政收入不受影响。

从量税的缺点是税率不公平。同一税目，不论质量好坏、价格高低，均按同一标准收税；对高档高价进口品的限制作用不大。高档高价的进口品与低档低价的进口品税额相同，交易成本税前税后相差无几，所以很难限制此种商品的进口；税额不能因价格上升而提高。当交易价格提高时，税收本应提高，但从量税却无法实现。

（2）从价税

从价税是以商品的价格为标准计征一定比率关税。其税率表现为货物价格的百分率。

计算公式：从价税税额 = 商品总值 × 从价税率

在征收从价税时，必须确定完税价格。其确定方法大体可分为三种：①以装运港船上交货价格作为征税价格标准；②以成本、保险费加运费价格作为征税价格标准；③以法定价格作征税价格标准。

从价税的优点是手续简单，对于同种商品不必因品质不同而详加分类；税率明确，便于比较各国税率；税收负担较为公平，其税额随商品价格与品质高低而增减，较符合税收公平原则；当税率不变时，税额随商品价格上涨而增加，既可增加财政收入，又可起到关税保护的作用。其缺点是确定进口商品的完税价格较为复杂。

（3）混合税

混合税又称“复合税”。它是对某种进出口商品同时征收从量税和从价税的一种方法。

计算公式：混合税税额 = 从量税税额 + 从价税税额混合税

在具体应用时有两种情况：一种是以从量税为主加征从价税；另一种是以从价税为主加征从量税。

（4）选择税

选择税是对一种进口商品同时制定有从量税和从价税两种税率，具体征收时，选择其中一种。一般是选择其中税额较高的一种，但有时为了鼓励某种商品的进口，也可能选择其中税额较低的一种税率征收。

（5）滑准税

滑准税是在海关税则中对同一税目的商品按其价格的高低分开档次并依此制

定不同税率，依该商品的价格高低适用不同档次税率征收的一种关税。

一般来说，使用滑准税，高档价格商品的税率较低或免税，低档价格商品的税率较高。商品在进口时的价格属于哪档，就按哪档税率计征关税。目的是使该商品的国内市场价格保持一定水平，免受或少受国际市场价格波动的影响。滑准税的优点在于它能平抑物价，保护国内产业发展。缺点是容易使交易出现投机行为。当市价上涨时，为了平抑物价，供应消费，必然降低进口税率，进口商往往会借机囤积居奇，导致物价上涨，以图暴利。

2. 海关税则

海关税则又称“关税税则”。它是一国对进出口商品计征关税的规章和进出口应税或免税商品加以系统分类的一览表。海关税则一般包括两个部分内容，一部分是海关课征关税的规章条例及说明；另一部分是关税税率表。关税税率表包括商品分类目录、税号和税率、税则的种类三部分。

（1）商品分类目录

商品分类目录是以商品的不同性质、用途、功能或加工程度等为依据，对各种商品进行系统分类和编排的完整、准确的商品分类体系。为了方便使用，该标准体系中每一商品名称或规格之前冠以编码，每一商品名称或规格及其编码为一个项目。商品分类目录用于海关税则时称为税则分类目录。其编号称为税则号列（税号），商品名称或规格及其编码又称为“税目”。

但是，各国海关税则的商品分类方法不尽相同。有的按商品的自然属性分类，如动物、植物、矿物等；有的按商品的加工程度分类，如原料、半制成品和制成品等；也有的按商品的自然属性分成大类，再按加工程度分成小类。最初各国根据自身需要和习惯编制商品分类目录。由于分类方法不同，各国海关的统计资料缺乏可比性，也给多边贸易谈判带来不便。为此，一些国际组织开始制定国际通用的商品分类目录。

（2）税号和税率

税号是货物的编号代码。我国《海关进出口税则》的编码表示方式如下所示。该商品是小汽车，属 17 类（车辆、航空器、船舶及有关运输设备）。17 类包括 4 章（从第 86 章至第 89 章），小轿车在第 87 章，第 03 项为载人的机动车辆，21 子目为小轿车，30 为细目。

税率是根据商品分类目录逐项制定出来的。税率栏目中每一税目项下的商品最初只有一个税率。后来，由于国际政治、经济关系日益复杂，为区别不同国家不同的国际贸易政策，适用不同的关税税率，税率栏目开始细分。

（3）税则的种类

①各国税则按关税栏目分为单式税则和复式税则。

单式税则又称“一栏税则”，一个税目只有一个税率，适用来自任何国家的商品，没有差别待遇。

复式税则又称“多栏税则”，在一个税目下订有两个或两个以上的税率，分别适用于不同的国家或地区。现在只有少数发展中国家如委内瑞拉、巴拿马、冈比亚等仍实行单式税则。

②根据制定税率的权限分为有自主税则和协定税则。

自主税则又称“国定税则”，是指一国立法机构根据关税自主原则制定税率，不受对外签订的贸易条约或协定约束。自主税则可以是一栏的，也可以是多栏的。

协定税则是指一国与其他国家或地区通过贸易与关税谈判，以贸易条约或协定的方式确定的关税税率。这种税则是在本国原有的国定税则以外另行规定的。它是通过关税减让谈判的结果，因此要比国定税率低。协定税率只适用于该条约的签字国，对于不是该条约签字国的国家一般无权享有此待遇。

二、补贴

补贴是政府对于本国生产或出口的商品进行财政补贴，以影响市场价格和比较优势，限制外国商品的进口，鼓励本国商品的出口。补贴主要有两种形式：出口补贴和生产补贴。

（一）出口补贴

出口补贴又称“出口津贴”，是一国政府为了降低出口商品的价格，加强其在国外市场上的竞争能力，在出口某种商品时给予出口厂商的现金补贴或财政上的优惠待遇。尽管出口补贴违反世界贸易组织的精神，被指责为“不公平竞争”，但许多国家仍以各种形式提供出口补贴。出口补贴主要有以下 2 种方式。

1. 出口补贴的方式

(1) 直接补贴

直接补贴，即出口某种商品时，直接付给出口厂商的现金补贴。第二次世界大战后，美国和一些西欧国家对某些农产品的出口，就采取这种补贴。这些国家农产品的国内价格一般比国际市场价格高，按国际市场价格出口时，亏损部分由该国政府给予补贴。这一补贴行为事实上也是对出口商品生产者的一种间接资助(因为它们接受了较高的价格支付)。这种补贴因为直接造成了价格、成本的扭曲，属 WTO 所规定的禁止性补贴。

(2) 间接补贴

间接补贴，即政府对某些出口商品给予财政上的优惠。主要有以下 4 种。

①暂时免税进口，如果某些进口货不是为本国消费，而是经过改制、修理或加工以后再出口时，允许其暂时免税进口。通常这种待遇仅仅给予进口原料或半成品，以降低制成品的成本，提高出口商品的竞争能力。

②退还进口税，是进口原料或半制成品，在加工为制成品后出口时，退还已缴纳的进口税。

③免征出口税。目前，许多国家对出口一般都免税，但对某些商品仍征收出口税。在世界市场商品价格下跌时，往往取消某些商品的出口税，以提高商品竞争能力。

④出口优惠金融制度，就是通过提供出口信贷，向本国出口厂商或外国进口厂商或进口方银行提供优惠利率低息贷款，以鼓励增加本国出口。它是一个国家的出口厂商利用本国银行的贷款扩大商品出口，特别是金额较大、生产期限较长的商品，如飞机、船舶、成套设备等出口的一种重要方法。

此外，一些国家还对出口商品实行延期付税、减低运费等，以鼓励商品出口。

2. 实施出口补贴的原因

无论是小国还是大国采用出口补贴政策都会使本国的贸易条件下降，那么，为什么几乎所有国家都采取出口补贴政策以鼓励出口呢？原因有以下几点。

(1) 考虑动态贸易利益

出口补贴虽然会恶化本国贸易条件，但并不意味着不能获得贸易利益，甚至不意味着贸易利益的减少。

（2）考虑本国战略产业的扶植培育，争取动态比较优势

战略产业是能成为未来主导产业的新兴产业，这类主导新兴产业在产业结构高级化演进中起着重大作用，因而成为各国政府扶植培育的战略产业。从开放的经济系统角度看，扶植培育未来的主导产业是为了争取动态比较优势，其政策可以是关税保护、生产补贴或出口补贴。

（3）考虑本国经济发展和动态的结构平衡

出口补贴就其最直接的意义而言，是增加外汇收入，从而能进口本国经济发展和人民生活的必需品。如果一国出口补贴产品的国内供给和国外需求都有充分的弹性，而其进口产品又是国内所必需的，那出口补贴就有利于该国的经济发展和改善国内供求结构的吻合程度。

（二）生产补贴

生产补贴是政府使用产业政策，对出口商品进行生产补贴。按照 WTO 的规定，除出口以外的补贴都是生产补贴。

生产补贴本质上是负产品税或负生产税，是由政府根据企业的生产、销售、进口的货物或服务的数量或价值，对企业做出的现期无偿支付。补贴应由常住生产者或进口商领取。如果是常住生产者，补贴的目的在于影响其生产水平、产出的销售价格或从事生产的机构单位的收益，补贴对企业营业盈余的影响正好与生产税相反。生产补贴包括产品补贴和其他生产补贴。产品补贴是给予每单位货物或服务的补贴，可以按每单位数量货物或服务的特定货币额计算，也可以按其价格的特定百分比计算，还可以按特定目标价格与买方实际支付的市场价格之间的差额计算。产品补贴通常在生产、销售、进口货物或服务时就应支付，但它也可以在其他情况下（如货物被转移、租赁、交付或用于自给消费、自给资本形成）支付。其他生产补贴指除产品补贴以外的各类补贴，包括工薪或劳力补贴、减少污染补贴等。

生产补贴与出口补贴最大的区别在于政府提供出口补贴时，只对生产企业用于出口部分的商品给予补贴，而企业内销部分的商品是不能享受补贴的；但生产补贴，则是政府对整个生产企业给予补贴，其商品无论是用于外销还是内销，均可享受政府所提供的补贴。

生产补贴的结果同样使社会整体福利水平下降。所不同的是，生产补贴下的

这种福利损失要小于出口补贴时的福利损失。因此从理论上讲，一般认为生产补贴要相对优于出口补贴。但问题是生产补贴下的政府支出要大于出口补贴时的政府支出。在国家面临财政赤字困扰的形势下，无疑更加重了政府的财政压力。另外，对于大部分经济发展程度较低的低收入发展中国家的政府而言，即使需要对国内的出口产业的生产提供相应的补贴，因财力限制也会感到心有余而力不足。

第五节 国际贸易的业务现状

我国现阶段总量大，且外贸增长快，离不开几个方面的原因。其一是经济全球一体化的发展，由于经济全球化倡导全球合作分工的理念，许多经济构成的先天资源分配不同，所以需要各国进行资源配置。其次则是因为我国国际地位的不断提升，我国加入了世贸组织，且在亚太经济组织占有一席之地，从而可以开展贸易，且找到大量的经济盟友，进行战略上的合作。这也是我国出口增长率过快的原因。

其三则是因为我国外贸产品结构在不断优化，尽管我国还不能完全通过改造和优化经济结构去消除贸易壁垒，但是我国外贸产品有意识地进行规划，代表着我国开始进行资源配置。经过加工产品的不断优化，我国所需求的产品也会走向更高端的境地，而在进口初级产品就有了更多话语权。我国现阶段的规划是朝着高科技发展的，以高科技制造品作为战略支撑点，不断出口技术类产品。

近年来，国际贸易在全球范围内得到了迅速的发展。世界经济的扩张和国际贸易的推进在很大程度上推动了全球经济的进步和发展。国际贸易的现状和未来趋势一直是人们关注的焦点。目前，全球范围内的国际贸易继续保持着快速发展的趋势。世界经济形势在近年来整体呈现复苏和稳定的态势，这就为国际贸易的发展提供了良好的条件和机遇。同时，各国之间的经济合作和贸易往来也得到进一步的深化和拓展。

国际贸易因受国际环境和消费市场的制约，会出现贸易数据的不断变化。事实上，这种市场风险是不可避免的。即使我国作为国际大国，依然在贸易资源处于不对等的地位。

国际贸易是一个国家对外开放程度的集中见证。我国的基本国策就是积极走出去，只有拓展对外经济贸易的空间和渠道，才能加快经济转型，融入国际经济的局势。我国近年来同大量国外国家签订了贸易合同，也同许多经济组织构建了区域战略同盟，总量在持续增长。但是实际上，受限于国际经济的市场管理模式和计量单位的调整，我国在输出国内产品时，会出现国外遇冷等问题。国际贸易除了普遍意义上的提升国民经济这一基本意义以外，它也是吸收不同国家经济形式、输出本国经济内核的重要途径。只有健康的经济发展形式，才能共谋发展道路。两者是相辅相成的，必须在进行外贸时对国内国外的经济是否符合同步变化这一水准进行战略考量。当前情况下，我国的外贸需要转变贸易思维，从解决自身问题着手，有计划地应对许多问题。

伴随着互联网技术的不断发展和网络的广泛普及，我国网络经济也得到了前所未有的发展，网络经济的蓬勃发展推动了我国电子商务企业的不断发展和创新。同时，伴随着电子商务技术的不断升级和革新，我国外贸企业的进出口贸易达到商业化水平，无论是从技术层面、资源层面还是产品层面，其专业化程度也在不断加强，我国经济贸易的发展潜力巨大。而在跨境电商的规模不断扩大的前提下，国家贸易的特点更加倾向于贸易的自由化和便利化。互联网的不断发展给人们的衣食住行提供诸多的便利，人们之间的交流和沟通也更加方便和高效，国际贸易的交易方式也发生了根本性的变化，其不再受时间和地域的限制。跨境电商不仅减少了贸易摩擦，同时也促进了各国之间的交流合作。由于互联网自身的开放性和共享性特征，而在此环境下兴起的电子商务，更是突破了空间的限制，为经济贸易的开展提供便利条件，通过网络进行交易，使消费者对企业自身有更加直观的认识，改变了其对企业资本实力的客观判断。

在互联网背景下，互联网技术已经在各个领域得到广泛的应用，我国的综合经济实力也在逐年攀升，我国国际贸易呈现出良好的发展局面。结合国家统计局的相关数据可知，我国 GDP 的大幅提升，与国际贸易市场的开拓有着密切的关系，国际贸易的良好发展，直接带动了我国 GDP 的增长。现阶段，虽然我国国际贸易发展的势头良好，国际贸易地位也在不断提高，推动了经济的快速发展。但在此情况下，仍然要正视我国国际贸易发展中存在的一些问题，如信息网络条件的限制、人力资源匮乏等，要针对这些问题进行不断改革和调整，使我国经济贸易的发展朝着更加健康的方向迈进。

在国际贸易业务开展的过程中，由于各个国家的法律法规不同，而贸易双方处在不同的法律法规体系中，对于电子商务文档信息的真实性、知识产权、网上交易等法律问题，不同国家的法规政策有着根本性的不同，而国际上又没有形成统一的规范标准。

改革开放之后，我国的企业也积极地加入国际贸易中，但是由于我国企业在管理制度方面相对比较缺乏创新性，国际贸易地位相对较低。

对于我国外贸企业而言，要不断加大对基础设施的建设，不断提高企业的信息化水平，企业领导更要积极转变管理理念，引进先进科学的管理设施。另外，要加强对相关工作人员的培训，结合时代发展的需求，对企业内部管理机制进行不断的完善和调整，以确保企业能够符合国际贸易的相关标准，从而促进企业的良性发展。因此，积极更新和转变管理理念，不断优化企业内部管理模式，必要时借鉴和学习国外先进企业的成功经验，以我国国情为根本，为企业管理制度的制定和完善提供必要的支撑，由此更好地发展电子商务，最终提高我国国际贸易竞争力。

总而言之，基于互联网环境下，跨境电商的发展无疑推动着国际贸易的发展，在信息技术不断发展和创新的同时，我国面临着前所未有的机遇和挑战，如何有效抓住机遇，对自身进行不断地调整，以全新的面貌迎接挑战，这是在未来发展中必须要重视的。所以，要努力提高我国国际贸易的竞争力，以及提升我国在国际贸易中的地位，在未来的发展中，我国必须要时刻关注国际贸易的发展情况，能够不断调整发展战略，并采取行之有效的对策，从而不断提升我国的国际贸易地位，并取得一定的主动权，以推动我国经济的健康和蓬勃发展。

第二章　国际贸易的数字化

本章主要从四个方面对国际贸易的数字化进行阐述，分别是国际贸易数字化的内涵、国际贸易数字化的分类与统计、国际贸易数字化的规则与标准以及国际贸易数字化的生态链。随着信息化技术、数字化技术的不断进步，诸如大数据、云计算等新兴数字技术的兴起帮助了各行各业走向进步。数字化技术为贸易提供了更加便利的平台、更加高效的交易方式、更加健全的网络供应链，促使国际贸易迎来一片大好形势。在数字经济背景下，国际贸易可进一步减少交易成本，形成规模化的经济形式，让贸易发展能够走向不断前进发展的良性道路。基于数字经济下的现实情况探讨国际贸易的发展走向，可帮助相关人员更加充分地了解未来形式和发展趋势。

第一节　国际贸易数字化的内涵

互联网功能的不断扩展正在改变全球经济的走势，全球约有一半的人口是互联网用户，终端设备的增加以及 5G 网络的广泛安装已经成为消费者和企业浏览互联网的主要工具。在此背景下，国际贸易数字化蓬勃发展。

21 世纪初，我国处于高速发展的阶段，各行各业想要跟上时代的步伐，就必须了解与运用新的技术。而就现今社会经济的发展来看，运用“互联网 +”的理念开展创新改革可能是推动社会持续发展的必由之路。所谓“互联网 +”，即采用互联网的思维，将互联网的先进技术与传统制造业的产品生产相结合，开发新的生产模式，从而达到改变商业模式的目的。它可以为企业创造价值，为行业提供平台。“互联网 +”模式的兴起，不仅为传统的劳动密集型产业创造了新的商机，而且为知识型产业提供了发展的沃土。我国加入世贸组织之后，现代科学信息技术有了一定的发展和进步，社会的经济结构发生了一系列的创新和转变，由原先的工业时代的经济逐步向现代知识经济迈进，而现代互联网和信息科技的普及和发展，加速经济转变，给各自的行业领域和国家都带来了新的发展契机。但是经济危机的爆发，让世界各国都加强了各自的新兴产业技术创新。因此，各级政府和行业需要充分结合“互联网 +”的产业发展思路和理念，有效促进我国装备制造行业的健康发展，提升我国装备制造行业在世界上的影响。

5G 技术的诞生与发展。5G 技术作为信息通信工程的未来，将引领我国开启一个万物互联的信息数字化经济时代，对于建设新一代制造工业强国和新一代网络通信强国、打造新一代智慧城市型社会、发展新一代数字服务型经济具有重要的战略意义。5G 将加速产业数字化的步伐。新一代信息技术让无人驾驶、远程医疗、智慧农业等变为现实，5G 与 AI、AR、大数据、区块链等技术结合，将为产业数字化助力。如今，5G 医疗急救车已经在自然灾害救援中投入使用，实现院前诊断提前救治；5G 智能巡检机器人已经活跃在大型工厂的车间里，实现自动巡航精准监测。

那么互联网的作用有哪些呢？有以下 3 点。

①“互联网 +”技术可以有效减少交易成本的支出。利用互联网进行商品交易，所有的交易行为都通过互联网实现，不用支付交易场所费用，也能避免商品的额外损失。交易双方只要支付必要的通信费与管理费，不需要支付额外的费用，便可以通过互联网进行商品交易，这也使得企业的运营成本大大降低。不仅如此，互联网中的共享资源，可以降低企业资料的存储与搜集成本，提高交易的成功率。此外，“无纸化”的交易方式，提高了企业资金的周转率，降低了企业贷款的利息支出。②“互联网 +”技术提升员工的工作效率。通过互联网平台进行的产业内贸易以及产业间贸易，可以不受时空的限制，并且减少了交易程序。通过互联网可以及时传输交易文本，减少了交易等待时间，从而提高了工作效率。③“互联网 +”技术增强企业的核心竞争力。互联网技术的普及，使得每一家企业都可以拥有自己的企业网站，可以向消费者或者潜在合作者展示自己的产品信息，包括价格、功能等，在一定程度上有利于提升自己的品牌形象，提升消费者的信任。

“互联网 +”技术给国际贸易数字化的发展带来了机遇。首先，“互联网 +”

技术有利于企业创新营销方式，开展电子贸易业务。从事国际贸易的企业，可以利用互联网技术实现网上交易，这种网上交易称为“跨境电子商务”。所谓跨境电子商务，是指通过互联网电商平台，完成产品的出售、交付、送达等流程的交易模式。它区别于传统贸易方式的最大特点，就是其不受时间、空间的限制，只要有网络的地方，就可以完成交易。客户想要的商品即使远在另一个国家，都能通过互联网电商平台在短时间内完成交易。其次，“互联网 +”技术有利于构建完整的产业链，推动区域性产业园发展。区域性产业园的功能不仅是多样化的，还应该是电子化的，即其不但要涵盖集装箱场站与保税仓库等传统功能，而且要包括跨境电子商务直购窗口等一体化功能。产业园将与国际贸易有关的报关与金融服务领域统一规划，利用互联网优势，实现园区内的产品出口一体化服务。此外，结合国家“一带一路”倡议，尽快实现跨境电子商务在园区进行进出口交易的规模化与可持续化。通过产业园建设，加快搭建区域性的综合电子商务平台与进口集散中心，为仓储等综合一体化的跨境电子商务生态圈奠定良好基础。最后，“互联网 +”技术有利于贸易企业建立具有联盟经营性质的跨境贸易物流战略联盟体系。单个企业独立组建物流体系的难度较大，而且大大增加了企业的物流成本。但是，多家贸易企业便可以在物流方面进行合作。例如，建立国内、国外两个仓储中心，任何一家企业接到了海外的订单，都可以将货物从国内的仓储中心运送到国外的基地。这样的物流体系能为企业降低物流成本。

国际贸易数字化中的许多创新是基于互联网，互联网信息技术扩大了数字贸易范围，提高了贸易效率和贸易收益，有效实现了数字贸易利益的最大化。

第一，贸易场地的延伸和运营方式的拓展。传统贸易需要经过多轮磋商与谈判，但是交易双方地区的分离性，使得这一过程通常采用电话与视频通信的方式得以实现。然而，无论采用哪种方式，都会存在一定程度上的信息缺失，从而造成交易时间的延长等意外。当“互联网 +”时代来临，大部分的数字交易通过网络完成，一笔业务的完成甚至不需要交易双方面对面的交流与沟通，仅通过互联网就可以完成从商品的邀约到收货确认的整个流程。这不仅减少了交易时间，而且能够增强信息传递的准确性。跨境电子商务具有个性化、全球化的特点，能够实现全球产品的高效率交易，是自由贸易方式在全球的实践。从 2011 年起，跨境电子商务平稳增长，全球购的新模式成为外贸新潮流，阿里巴巴旗下的全球速卖通便是一个成功的案例，它集合了订单、支付与物流，通过支付宝国际账户实现电子商务的交易活动。不可否认的是，商品的物美价廉使得中国已经成为世界上第一出口大国，而中国商品的出口基本通过跨境电子商务的形式实现，这归功于互联网在外贸中的应用，使人们在自己国家就可以获得境外商品的信息，同时能够买到境外商品。这在很大程度上促进了国际上买卖双方交易的达成率。近几年跨境交易平台陆续出现，从最开始的亚马逊到之后的全球购，都为卖家提供了更为便捷的国际贸易渠道。

第二，资源分享和运作模式的革新。通过互联网的引入，买方如果想获得产品信息，不再需要通过纸质媒介接收信息。资源分享从单一传递变为了信息公开，大大提升了信息传递的效率。卖方也不需要一对一地与买方进行交流，只需要将资源共享，并且注重消费者的个性化要求，便可将产品信息全面完整地展现给买方。这不仅降低了买方获取产品信息的成本，还使得信息传递更加及时。许多关于国际贸易的信息是可以共享的，这不仅有助于公司了解市场的行情，做出正确的判断，还可以减少因信息缺失导致的不必要损失。信息的可得性推动了市场主体间的竞争，进而刺激行业整体服务质量的提高。外贸出口企业在“互联网 +”的赋能下，靠先进的技术、周到的服务、客户的切实体验去真正发展企业。

第三，信息获取与处理的便利性增强。卖家借助互联网可以尽快匹配自己的贸易伙伴，因为互联网解决了贸易伙伴选择中的信息不对称问题，交易双方能够同时获取市场最新动态，获得货物配置、物流等方面的准确信息，能够最大程度地实现信息同步更新。互联网可以帮助中小型企业便捷办理通关手续，节省企业的时间成本。互联网为企业提供报关报检与跨境电子商务等服务，使企业可以快速通关。目前，各城市已建立贸速通出口综合服务平台，不仅可以为企业的境外销售提供运输协助服务，而且可以缩减报关流程。

第四，支付方式更加便利与多样化。汇付、托收和信用证是运用最为广泛的支付方式，但随着互联网的应用，电子支付逐渐成为主流。电子支付因其更加方便、快捷，降低了财务成本。但是由于电子交易环境的不完善，其安全性远不如传统支付。对电子商务来说，交易的远程化使得电子支付利大于弊，因为它省去了烦琐的流程，并且支付、到账都很及时。越来越多的国际支付平台在市场上出现，几乎每个国家都有自己的支付平台。

第五，扩展了传统的贸易范围。互联网技术改变了商品的交易结构，更加注重交易中的知识产权。其中对于服务行业的影响更加明显，如远程机器人可能开辟了服务贸易的新方式。互联网技术让定制产品与个性化产品需求成为可能。互联网技术的发展可能从根本上改变知识产权的地位，因为互联网技术降低了产品的制作与复制成本。书籍的交易不再是物理性的转移，而是通过知识产权交易获得阅读该书的权利，并且知识产权增强了国际贸易的多样性。值得一提的是，互联网技术可能强化了拥有技能和资本的重要性。

第六，更加细化了国际分工。互联网技术对全球价值链贸易有着深远的影响。一方面，互联网技术降低了通信、交通与物流成本；另一方面，互联网技术增强了中间环节的易得性。互联网技术加速了全球价值链的升级，并且智能自动化扩大了市场范围，使得本国的消费市场更具潜力。

市场制度是影响贸易模式的重要因素。一方面，数字化会增强制度优势，因为法律制度的有效实施对数据隐私和知识产权监管都起到重要的作用；另一方面，对数字基础设施的建设离不开金融制度的支持。但是，数字化也有可能会稀释制度，如区块链会降低对执行制度的需求。数字贸易因其特殊性，对知识产权、数据流和隐私的监管政策可能变得格外重要。因为很多数字化的产品可以被复制，所以知识产权保护可以增强国家的吸引力。国际贸易数字化的规则源于 WTO 组织对当前数字贸易规则的缺失。包括尚未达成电子传输关税协议、尚未对电子数字产品贸易形态定性、尚未明晰数字贸易服务模式及分类等。产生问题的原因，一方面是电子商务本身的贸易规则与 WTO 现有规则有冲突；另一方面是发达国家与发展中国家对待数字贸易的立场不一。毫无疑问，WTO 规则下的数字贸易规则缺失对全球数字贸易发展是十分不利的，促使各国开始积极寻求非 WTO 规则外的数字贸易规则的制定。从当前情况来看，开展数字贸易的多个国家和地区都在通过双边或多边谈判制定数字贸易相关规则。基于发展中国家与发达国家分歧较大，发展中国家不愿意像农业谈判那样做出让步，而发达国家也有意绕开 WTO 规则约束，在 WTO 规则下的数字贸易规则制定很有可能直接宣告流产。

这种带有全球性、普惠性的数字贸易规则缺失，将会是全球数字贸易发展面临的最大挑战。

国际贸易数字化的快速发展将进一步推动经济的创新和发展，为创造更多就业机会、提高产业竞争力提供重要动力。数字化交付的服务贸易规模的持续增长，将为我国经济增长注入强劲动力，促进国际贸易的平衡发展。在数字经济时代，我国将积极适应新趋势，加快数字贸易的发展步伐，构建开放型的贸易体系，为实现经济高质量发展贡献力量。

第二节　国际贸易数字化的分类与统计

一、国际贸易数字化的分类

数字技术贸易包括软件、通信、大数据、人工智能、云计算、区块链、工业互联网等数字技术的跨境贸易。

数字产品贸易包括数字游戏、数字出版、数字影视、数字动漫、数字广告、数字音乐等数字内容产品的跨境贸易。

数字服务贸易包括跨境电商的平台服务及金融、保险、教育、医疗、知识产权、其他商业服务（共享中心、客服中心、人力资源服务）等线上交付的服务。

数据贸易主要包括数据跨境流动。

二、国际贸易数字化的统计

（一）国际贸易数字化统计的基本框架

数字贸易是当今数字化时代国际贸易演变的主要趋势之一。国际贸易数字化主要以现代信息网络为载体，以数字技术创新为驱动力，以互联网为媒介来实现产品和服务的跨国传输与贸易，这体现了互联网技术、知识经济与现代贸易的深度融合。一方面，相比于传统贸易，数字贸易在提高交易效率、降低交易成本、创新贸易模式、降低国际贸易的准入门槛等方面具有显著优势；另一方面，国际贸易数字化影像了全球贸易和竞争格局，发达经济体正在领跑全球数字贸易，而发展中国家和新兴经济体在数字贸易方面的发展潜力巨大。可以说，国际贸易数字化已成为当前推动全球经济持续增长的新动力和新引擎。然而，现阶段，国际贸易数字化统计体系和规则体系尚未确立，全球主要国家正在激烈争夺数字贸易国际规则的制定权。如何科学统计数字贸易以及如何认清国际贸易数字化发展态势，对于认清国际贸易数字化的发展概况、把握数字化时代国际贸易的发展方向以及挖掘国际贸易数字化的增长潜力而言，具有重要的现实意义。

国际贸易数字化主要以数据资源的跨国交换为核心特征，所涉及的领域突破行业限制和地域限制，其统计测度与传统贸易统计测度具有一定的交叉性，但又存在显著的差异性。至今，人类对于数字贸易的科学统计仍处于不断探索和完善的阶段。国际贸易数字化的实质主要包括以下 3 个方面。

①数字订购。数字订购是指可以纳入跨境电子商务范畴的商品贸易和服务贸易。具体而言，数字订购是指通过专门设计的电脑网络（在该网络上接单或下单）而跨境从事商品或服务交易。数字采购必须是通过网络、外联网或电子数据交换网完成订单，不包括通过电话、传真或电子邮件完成订单。然而，这些商品和服务的最终支付和配送可以不通过线上操作。数字采购可以在企业、家庭或个人、政府和其他公共组织或私人组织之间进行。

②平台促成。跨境交易平台（如亚马逊、阿里巴巴）的快速发展加速了国际贸易数字化进程。虽然并不是所有的数字贸易都使用跨境交易平台，但是跨境交易平台的广泛参与为数字贸易统计带来诸多的挑战。如很难规范统计跨境交易平台的具体类型；很难准确界定潜在的交易应记为跨境贸易还是收入流，这其中包括从国外在线平台购买的国内商品或服务，从国内在线中介平台购买的国外商品或服务，从国外在线中介平台购买的国外商品和服务，从国外拥有的国内在线平台购买的国内商品和服务；即使能确定在线平台是国内的还是国外的，也很难明确跨境交易应记为总额（包括消费者之间提供的潜在服务的价值），还是净额（仅包括跨境平台服务费用）。

③数字交付。数字交付主要包含交付服务或商品的数据流，以及交付可下载的产品（如软件、电子书、数据、数据库服务）。在商品贸易领域，数字贸易的概念通常指商品的数字化订购过程，如数字传输交易。在服务贸易领域，很大一

部分数字传输交易可以通过电子订购过程完成，特别是完全电子化的产品或可下载的产品（如软件、电子书、数据库服务）。服务贸易可划分为“可以数字交付的”（如手机应用、游戏、音乐、咨询服务）和“不可以数字交付的”（如建筑、交通）。数字交付的服务贸易，尤其是向家庭交付的服务贸易，给数字贸易统计测度带来了严峻挑战，这一般会导致大多数国家的数字贸易数额被低估。另外，涉及家庭的交易需要家庭调查数据作为支撑，但大部分国家并没有进行这方面的统计。

1. 产品

不同于传统的产品贸易和服务贸易，国际贸易数字化还将信息或数据作为单独的交易产品，这扩大了贸易统计测度的商品类型及商品范围。

数字化国际贸易交易标的为音乐、游戏、视频、书籍等数字内容，社交媒体、用户评论网站等数字媒介，搜索引擎，以及其他数字化的产品和服务。数字化国际贸易的标的具体包括使用数字技术订购的产品与服务（如电子商务平台上购买的实体货物），利用数字技术生产的产品与服务（如存储软件、音乐、电影的 CD 和 DVD），基于数字技术递送的产品与服务。

从数字化国际贸易产品提供者角度来看，互联网企业提供的数字产品及服务已经涵盖云计算、数字内容（游戏、视频、数字音乐、电子出版物等）、数字搜索、社交媒体、电子商务、通信服务、数字技术等数字贸易的所有产品领域。例如，谷歌（Google）作为搜索引擎服务领域的巨头企业，自其创立伊始就逐步向搜索引擎服务之外的领域扩展，其通过视频网站 YouTube 提供数字视频服务，通过邮件平台 Gmail 提供电子通信服务，通过 Google 购物提供电子商务服务。

2. 参与主体

在传统贸易的框架中，国际贸易主要发生在企业和企业之间（B2B 模式），而较少发生在企业和个人之间（B2C 模式）。

传统贸易的参与主体包括三类分别是出口方（生产企业、出口代理商）、进口方（进口代理商、零售商、最终消费者）以及连接出口方和进口方的其他中间组织。在传统贸易模式中，虽然最终消费者也会参与国际贸易，但是参与程度相对较低，消费者主要还是从进口商或零售商处购买国外的产品。

不同于传统贸易的框架，在国际贸易数字化的框架中，大量的最终消费者会直接参与国际贸易，B2C 模式的跨境电子商务业务迅速发展，在消费者之间开展的跨境交易业务（C2C 模式）也逐步兴起。一方面，国际贸易数字化的 B2C 模式主要涉及不同国家的企业和最终消费者，企业绕过中间商而直接向消费者销售产品或服务，最终消费者是大量直接参与国际贸易的主体。互联网及科学技术的快速发展使得个人消费者能够从国外供应商手中直接购买商品或服务（B2C 模式），电子商务或在线销售在一定程度上降低了出口壁垒，使小企业也能够较为便捷地向海外市场销售它们的产品或服务。另一方面，国际贸易数字化的 C2C 模式主要指不同国家的两个消费者（家庭）之间发生交易，如支持房屋租赁的“爱彼迎”，随着信息通信技术的快速发展，数字贸易的 C2C 模式日益流行。由此可见，与传统贸易相比，数字贸易的参与主体更为庞杂、零碎，这为国际贸易数字化的科学统计带来了巨大挑战。

（二）国际贸易数字化统计的主要挑战

目前，国际贸易数字化统计测度处于不断探索和完善的阶段，这其中存在许多挑战。由于数字贸易的兴起时间较短、发展速度较快、发展模式多样，现阶段各国对数字贸易的定义和统计尚未达成共识。

第一，国际贸易数字化规模被低估的问题日益凸显。近些年，跨境 B2C 模式的贸易、数字促成的贸易逐年增加，但是，在贸易统计时，通常假定这些交易的规模较小，一般不纳入统计范畴。同时，“最低免税额”制度也使得小额交易很难被有效记录。这种简化的统计方法已不能反映真实的数字贸易规模。另外，许多公司内部的数据流也可能并未记录在常规的贸易统计中。

第二，国际贸易数字化活动分类无明确标准，且不同种类服务提供者的分类在各个国家可能会有所不同，这导致了统计口径偏差问题。数字贸易可以被归类为不同的部门，但是这些不同部门的分类可能并没有统一标准，如拼车交易可以划分为交通服务或者中介服务。当分类界限模糊时，如何准确统计就面临很大困难。而且，由于不同种类服务提供者的分类在各个国家可能会有所不同，这会造成数字贸易统计在不同国家之间并无可比性。

第三，在国际贸易数字化中，对非金钱的经济活动进行统计十分困难。许多互联网企业为消费者提供免费服务的活动，其主要通过广告模式来获得收益，或者通过向第三方售卖消费者信息的方式获取收入。虽然数据流并不直接产生金钱交易，但数据流构成收入的基础，这增加了数字贸易统计测度的难度。在理论上，所有以数据为基础的广告服务或销售收入都应该记录在统计系统中，然而，当消费者剩余出现时，就出现了统计上的困难。例如，社交网络“推特”（Twitter）或搜索引擎“谷歌”（Google）为用户提供免费的相关服务，但是在这个过程中，用户需要提供自身的数据。“推特”和“谷歌”与其用户之间并没有直接的金钱交易（以现存的国际标准来评判，其中不存在贸易）；然而，“推特”和“谷歌”可以依靠其用户的数据获得广告收入。虽然广告收入统计在贸易数据中，但是数据流没有统计到贸易数据中，这为科学合理地统计测度数字贸易带来了严峻挑战。

第四，数字促成的交易存在识别困难，这会造成国际贸易数字化统计数据不精确。很难识别企业（尤其是中小企业）在多大程度上使用数字渠道来销售其产品和服务。传统的跨国公司和数字平台实际操作层面也存在很多“灰色地带”，其记录服务收入或主要销售收入的能力取决于其如何交付服务给第三方或公司内部。而识别通过使用数字工具促成的销售的会计框架并没有建立起来，导致这些数据难以被统计者所知晓，进而会造成统计数据和统计结果的不精确。

第五，国际贸易数字化统计中，跨境数据流测度面临两个难题。一是如何将这些数据纳入总的会计框架中；二是国际上没有公认的数据价值评估和数据分类的方法。美国商务部给出了测度跨境数据流价值的建议，具体可归纳为对服务部门的官方统计，要扩大覆盖面，提高质量；对与跨境数据流相关的概念建立起一个标准属性或标准定义，区分数字经济、数字密集型、数字促成的经济和信息与通信技术等名词的内涵；更好地理解公司如何利用跨境数据流，数据流能提供什么经济价值；开发更先进、更连续的宏观经济统计体系，以测度跨境数据流的价值和数字经济，如测度数据流和数字经济对 GDP 的贡献；继续和私营行业对接，以促进数据共享，将公共数据和私人数据连接，使之在法律上和逻辑上可行，同时要保护公司的隐私；继续与国际组织合作，确保跨境数据流和数字经济测度可以为世界各国所用。

第三节　国际贸易数字化的规则与标准

一、国际贸易数字化的规则

当前国际贸易数字化持续发展，既需要国际组织、主要经济体积极推动贸易数字化规则的构建，又需要贸易界、技术界等相关方采取集体行动。为帮助各国对标并减少跨境贸易的时间和成本，联合国区域委员会开展了联合国全球数字和可持续贸易便利化调查。调查涵盖全球 143 个经济体，包括与世界贸易组织《贸易便利化协定》相关的 58 项措施，以及有关无纸贸易或电子贸易的新兴区域和全球倡议。总体而言，自世界贸易组织《贸易便利化协定》于 2017 年生效以来，全球各国在贸易便利化方面均已取得重大进展。根据《2021 年国际商会贸易登记报告》，所有贸易金融的产品、创新、数字化都在持续，而且在数字化平台、贸易工具和仿生学的操作运营方面有重大的发展。许多银行大力投资仿生学的操作运营，对纸质单据采取数字化录入方式，通过自动识别技术进行处理。

国际贸易数字化是大势所趋，要加快建设电子世界贸易平台、数字自由贸易区、数字贸易丝绸之路等国际贸易平台，构筑与全球接轨的数字贸易开放体系。[①]目前，全球跨境贸易仍以纸质文件为主。在全球贸易生态中，每时每刻大约有 40 亿份单据流转。纸质单据交易费用高、易延误、效率低，而且不环保。全球只有不到 1% 的贸易文件实现了完全数字化。[②]在贸易金融领域不再强制要求纸质单据，但是不同地区的各家银行仍然存在差异。尽管数字化贸易及贸易金融平台在不断发展中，但是以纸质单据为基础的跟单贸易金融仍可能持续多年。部分经济体仍然坚持使用纸质单据，如检验证、产地证等。

贸易数字化规则是贸易数字化发展的基本保障，近年来国际组织、主要经济体都在积极推动贸易数字化规则的构建。联合国、世界贸易组织、国际商会等

① 林汉川，秦志辉，池仁勇．中国中小企业发展报告 2020[M]．北京：对外经济贸易大学出版社，2021．

② 中国国际商会．国际商会与世界贸易组织联合发布第一版《跨境无纸化贸易标准工具包》[R/OL]（2022－5－10）[2023－8－22].https://www.163.com/dy/article/H6VHHCUP0514AN1F.html．

均在积极推动贸易数字化规则的构建。为推动全球对电子可转让文件的认可，联合国国际贸易法委员会于 2017 年通过了《贸易法委员会电子可转让记录示范法》(MLETR)。MLETR 是技术中立的，建立了使电子可转让记录在功能上等同于纸质可转让文件或文书的一种方法。联合国国际贸易法委员会第四工作组修订的《关于使用和跨境承认身份管理及信任服务的示范法草案》已于 2022 年审议通过。

数据标准和贸易数据交换方式的缺乏阻碍了供应链端至端的无缝数据流动，降低了供应链的效率。为推动现有的最广泛使用标准的采用，并促进可信的实时供应链协作和实时标准数据交换，同时降低成本和复杂度，以推动贸易数字化发展，2022 年世界贸易组织和国际商会共同制作了《跨境无纸化贸易标准工具包》。其中包括 6 项内容，分别是基础标准、识别编码标准、公司和中小微企业、承运人、货运代理和物流运营商、海关当局和其他跨境监管机构、可互操作的数字化框架。

国际商会近年来积极推动贸易数字化。国际商会将数字化工作纳入发展战略、建立了数字化工作组、制定了数字路线图、呼吁各国政府和监管机构制定数字化政策法规，同时和联合国、世界贸易组织等国际组织共同推动电子商务和贸易数字化的工作。新型冠状病毒感染出现后，国际商会发布了一系列文件，呼吁各国政府修改法律法规，允许在贸易中使用数字化文件，去除只允许纸质单据的规定，同时呼吁政府采纳联合国国际贸易法委员会通过的 MLETR。2020 年 9 月，在国际商会、世界贸易组织和新加坡政府的支持下，国际商会创建了数字贸易标准倡议（DSI)，由亚洲开发银行和新加坡政府提供种子基金。DSI 旨在提供平台的规则手册、技术标准，与相关机构合作以确保交互性及兼容性，致力于解决贸易数字化面临的主要挑战，实现全球统一的、数字化贸易环境。

在国际商会制定的贸易规则中，有的是电子兼容性规则、有的是全部电子规则，涵盖信用证、托收、保函、备用信用证、销售合同、赊销以及数字化贸易交易框架性规则等。2021 年，国际商会发布《数字化贸易交易统一规则》(URDTT)，这是针对银行、企业和非银行类服务商的框架规则，针对整个数字化场景。URDTT 明确指出其与 MLETR 相兼容。2022 年，国际商会发布了《金融科技合作指南》，供相关方参考。

不少多边、双边协定都支持无纸化贸易，如《亚洲及太平洋跨境无纸贸易便利化框架协定》（CPTA）是由联合国亚洲及太平洋经济社会委员会倡导，联合国框架下跨境无纸贸易领域达成的第一个多边协定，于2021年2月21日生效。CPTA涵盖国家贸易便利化政策框架和有利的国内法律环境、跨境无纸贸易便利化和发展单一窗口系统、电子形式贸易数据和文件的跨境互认、电子形式贸易数据和文件交换的国际标准等内容。CPTA将促进本地区电子形式的贸易数据和文件的交换和互认，推动国家和次区域单一窗口与其他无纸贸易系统之间的兼容，打造良好的跨境无纸贸易法律规制环境，从而提高国际贸易的效率和透明度。《区域全面经济伙伴关系协定》（RCEP）中有推动无纸化贸易的专门条款，如以电子形式来提交的贸易管理文件和纸质版的贸易管理文件具有同等法律效力、给予电子认证和电子签名法律效力，鼓励使用可交互操作的电子认证。

2022年2月，英国与新加坡签署了《英国—新加坡数字经济协定》（UKSDEA）。该协定将简化烦琐的边境流程，并用电子签名和电子合同取代耗时且昂贵的手工工作。2020年6月，由新加坡、智利和新西兰发起的《数字经济伙伴关系协定》（DEPA）正式签署，涵盖电子商务、数字传输、数字产品等。2020年8月，新加坡和澳大利亚签署了“新加坡—澳洲数字经济协定”（SADEA），降低两国间数字贸易壁垒，为两国企业和消费者增加数字贸易机会。2021年10月，七国集团（G7）贸易部长会议发表关于数字贸易的宣言，提出了公开的数字化市场、可信数字自由流动等若干原则。

国际贸易数字化需要物流、海关、检验、产地等相关行业提供全流程的数字化合作，以及不同司法管辖区的法律支持。要确保各方进行可信和可靠的数字化单据的交互，就需要建立不依赖于平台且确保完整性、单一性和可控性的数字化基础设施。在跨境贸易金融业务中，电子提单应用一般是通过第三方平台流转，或者通过承运人出具区块链提单等方式。在遵循国际商会电子规则的基础上，国际贸易各参与方在平台上实现电子单据的流转。但是，各个平台有各自不同的标准、流程和系统，兼容性匮乏。在跨境贸易数字化进程中，缺乏统一的标准化信息、流程和系统。

目前，数字化可转让记录以及其他数字化贸易单据相关法律法规滞后于市场需求。《2020年国际商会全球贸易金融调查报告》显示，不同司法管辖区对纸质单据的监管要求不一，主要体现在汇票、本票、提单及产地证方面。2019年，国际商会《关于电子提单法律地位的调研报告》提出，除了美国有具体的支持电子提单的法律以外，其他受调查的10个国家均没有明确的电子提单法律。在跨境无纸贸易便利化措施中，电子交易的法律法规以及认证机构措施是实现贸易相关数据和文件交换的基本组成部分。亚太地区一半的国家尚未建立或认可电子签名证书。由于缺乏支持跨境无纸贸易的法律制度框架，海关申报单、原产地证书和卫生与动植物检疫证书等贸易相关文件的电子交换只是在有限的基础上与少数特定贸易伙伴进行，而且往往只是部分实施或处于试点阶段。

在国际贸易数字化推进过程中，立法支持与规则制定成为至关重要的推动力。《2021年国际商会贸易登记报告》中呼吁立法改革，指出采用联合国国际贸易法委员会《电子可转让记录示范法》有助于解决问题，呼吁政府考虑采纳MLETR、加入《亚洲及太平洋跨境无纸贸易便利化框架协定》，呼吁行业加强数字化应用。

2022年，世界贸易组织及世界经济论坛发布的《利用数字贸易化的政策途径》报告特别关注了人工智能、区块链和分布式账本技术以及物联网对塑造全球贸易生态系统的作用。贸易协定通常是技术中立的，许多现有贸易规则适用于数字贸易。需要制定明确的规则，以便为如何在数字领域应用这些规则提供进一步的规范。

自2010年以来，区域贸易协定（RTA）越来越多地整合了电子商务和数字贸易条款。这些协定一般包括五个模块，即全球数据传输和责任框架、电子交易和文件的全球法律承认、个人和物品的全球数字身份、贸易文件和平台数据模型的全球互操作性、全球贸易规则准入和算法。以上五个模块在支持贸易数字化和贸易技术的广泛采用方面发挥着关键作用，但是其实施则取决于每个成员的法律法规和技术背景。全球数据传输和责任框架端到端贸易数字化需要获得可靠、廉价和快速的连接，以及一个能够以可信方式进行跨境数据传输的法律框架。

在国际贸易领域，鉴于可转让单据（汇票、发票、提单、本票、仓单等）广泛用于国际贸易，可转让文件的数字化是贸易数字化的重要一步，电子可转让单据在功能上应等同于纸质单据。由于国际贸易覆盖范围广泛，如果仅是少数几个司法管辖区采用MLETR，其应用和贸易数字化带来的好处将非常有限。因此，国际贸易数字化需要全球相关国家的合作，也需要贸易界、技术界等相关方在国际监管合作及公私合作方面采取集体行动。

二、国际贸易数字化的标准

国际数字贸易标准化的根本目标是实现和保障贸易的便利化、数据流动的自由化和贸易信息的安全化，为实现以上目标，建立数字贸易标准体系重要考虑商业和贸易便利化、数据问题、贸易监管与服务以及新兴技术与数字贸易的融合。

当前，世界主要经济体均在加紧制定数字经济和数字贸易发展战略、标准、监管体系，以期竞争国际贸易数字化规则制定的主导权。世界海关组织（WCO）和万国邮政联盟（UPU）制定了电子商务数据传输的一系列标准和具有约束力的规则；国际商会（ICC）银行委员会发起的数字化标准倡议（Digital Trade Standards，DSI），旨在通过跨行业的协作努力，特别是通过开发开放的贸易和技术标准来强化不同平台间的互操作性，推动贸易数字化的发展，2021 年该倡议发布一个可以连接工商界和标准制定机构的在线平台，制定一套数字化规则和术语草案，在 2025 年将已发布的建议标准提升为行业准则，并建立可以被全球所有工商界企业应用的基础性数字化贸易标准；2020 年新加坡与澳大利亚签署了《双边数字经济协议》（SADEA），SADEA 在电子认证和签名、海底电信电缆系统、金融服务计算设施的位置、源代码，以及国际贸易数字化的标准和合格评定等议题上均作了详细的约定。

数字化标准倡议（DSI），旨在通过跨行业的协作和努力，以及标准化的贸易单证和数据格式，以实现可信的和实时的供应链协作和实时的标准数据交换，以降低成本和复杂性；其目标是通过促进和拥抱数据生产者（包括制造商、进口商、出口商、承运人等）和数据消费者（如中介机构、海关和其他边境机构以及最终用户或客户）之间的无缝数据连接，最终实现真正的无纸化的数字贸易。

ICC、DSI 联合多个国际组织成立了关键贸易单证和数据元工作组并制定了标准路线图，计划通过分析关键贸易单证（首批是 8 个贸易单证）来创建一组通用的关键数据元定义作为其交付品，这些交付品最多有 200 个数据元，且对用户而言应更为“友好”，UNTDED 以及 WCO 数据模型是这些交付品的现有重要来源。KTDDE WG 工作目标或任务是监控目标单证的数据采集；单证之间的横向分析；基于单证分析制定数据词汇表；起草数字贸易相关建议。此外，ICC 与 WTO 于 2022 年 3 月共同发布了《无纸化跨境贸易标准工具箱》，该工具箱对现有最著名和最广泛使用标准进行概述，帮助各公司及政府机构采用现行可行标准、发现潜在差距并促进互操作性，以加速国家贸易流程数字化。

服务贸易主要形式有跨境交付、境外消费、商业存在、自然人流动。根据WTO《服务贸易总协定》的承诺时间表，2022年12月20日，WTO已完成《服务贸易国内规制参考文件》的谈判，旨在削减服务提供商的行政管理成本、减少许可证的资质、要求和程序以及技术标准对服务贸易限制带来的意想不到的影响。通过鼓励良好监管实践，宣言准则力求为寻求进入该国市场的服务提供者创造更有利于商业和降低贸易成本的监管环境。随着《服务贸易国内规制参考文件》在各国的具体落实和实施，未来国际贸易标准化是数字贸易领域的一个重要发展趋势和重点。

我国在电子业务、物流、金融、区块链等领域成立了相关的标准化技术组织，电子商务标准化总体组、全国电子商务质量管理标准化技术委员会（SAC/TC563）、全国电子业务标准化技术委员会（SAC/TC83）、全国金融标准化技术委员会（SAC/TC180）等，分别在商业、在线支付、物流、信息安全等领域开展标准化研究，统筹开展各自领域的标准化工作。

国家电子商务标准化总体组统筹协调我国电子商务标准化建设，为在线支付、现代物流、自动识别、网络接口协议、安全认证等一系列电子商务关键技术的标准化工作提供组织支撑，总体组下设电子商务主客体信息与编码、业务应用与综合、通关、支付结算、物流、信用、信息技术、信息安全、税收、监管等工作组。全国电子商务质量管理标准化技术委员会（SAC/TC563）主要负责电子商务质量管理的基础通用、质量管理、质量诚信、质量监管、质量风险防控等领域的标准化工作。全国电子业务标准化技术委员会（SAC/TC83）主要负责行政、商业、运输业、工业领域业务工作电子化涉及的数据元与代码、数据结构化技术、电子文档格式（交换结构）、业务过程、数据维护与管理、信息服务、关键支撑技术等专业领域标准化工作。数字贸易涵盖的范围比电子商务更广，与电子业务、金融、物流等领域都有交叉，且在贸易业务开展、贸易平台运行管理、贸易安全保障等领域都需要标准化支撑。

全球新一轮科技革命和产业变革深入推进，数字技术与传统国际贸易加速融合，国际贸易数字化发展迅速，成为全球服务贸易发展和世界经济增长的新引擎。标准是经济贸易活动和产业合作最重要的技术基础和技术规则，但我国数字贸易标准化工作尚未形成完善的顶层设计，在全国层面尚未成立专业标准化技术组织统筹开展标准化工作，我国应加快数字贸易标准化建设，从基础要素、贸易业务、监管与服务、贸易安全等角度构建标准体系框架，有序推进数据跨境流动、数字平台建设与服务、仓储物流、贸易安全等关键领域的标准制定，开展国际贸易数字标准化试点示范建设，积极推动数字贸易标准化国际交流合作和人才培养。

随着数字化逐渐成为所有产业的底层基础，数字化转型成为我国经济发展过程中需要面临的新挑战和新机遇。国际贸易产业的数字化快速发展，成为世界各国竞争新赛道，应尽快推动关于数字贸易标准化、深度化、制度化的研究和探索，加强企业数字化转型案例的分析和研究，推动数字贸易支撑体系、评价体系和关键标准制定。

我国在积极参与国际贸易数字化、标准化工作的同时，还应积极推进数字贸易领域国内相关标准化工作，努力提高我国贸易领域的国家或行业标准与国际标准的一致性程度，主要包括进一步推进电子商务或贸易便利化的国内标准与国际标准的一致性或互操作性，完善国际贸易单一窗口等标准。除了货物贸易有关标准外，建议研究制定服务贸易标准，重点研制跨境服务贸易标准，制定跨境服务贸易的负面清单等；进一步促进我国内外贸易产品或服务的质量标准、检验检疫、认证认可等相衔接、推进内外贸产品同线同标同质；持续开展重点行业的国内外产品质量标准比对分析，推进内外贸易一体化协同发展；积极采用国际标准，大力推进中外标准互认，提高我国国家标准与国际标准的一致性程度等。

第四节　国际贸易数字化的生态链

现阶段，国际贸易数字化生态链伴随互联网技术的广泛应用而不断演化，国际贸易的生态链也因此变得更加丰富化、多元化。伴随着互联网技术的广泛应用而快速发展将会使得国际贸易的数字化生态链趋于短平化、去中心化、简易化，国际贸易模式开始向虚拟化、集成化、普惠化和融合化的方向演进，而明晰上述趋势变化将有助于深入理解现阶段快速发展的数字贸易对传统贸易生态链所产生的巨大冲击。

一、传统国际贸易生态链

（一）参与主体

在传统国际贸易模式中，生态链参与主体包括三类分别是出口方（生产企业、出口中间商）、进口方（进口中间商、零售商、最终消费者）以及辅助贸易开展的中间组织。需要说明的是，在这些参与主体中，作为进口方的最终消费者只是参与国际贸易的最终销售环节，主要从进口商或零售商处购买国外商品，很难深度参与贸易活动，其消费需求难以得到满足，其反馈意见也难以被生产商及时接受。

1. 出口方

作为国际贸易生态链的源头，出口方能够为最终消费者提供贸易商品或服务，通常而言，商品在出口国会经过多级中间商的传递进而到达进口方，在这个过程中，出口中间商通过赚取差价获得利润。在传统贸易生态链中，出口方主要分为生产企业、出口中间商。

（1）生产企业

生产企业是指将原料等经过一系列生产工序处理，生产相关产品的企业。一般而言，生产企业通过购进原材料、进行加工装配而获得所要销售的产品。因此，如果生产企业选择直接对外出口，其出口成本一般相较于其他中间出口企业更低，而且还可以享受出口退税优惠政策。因此，在传统贸易模式下，生产企业进行直接出口时，往往会利用较低的价格去换取较大的贸易市场，从而获取高额利润。

（2）出口中间商

出口中间商往往是指与生产厂商在同一个国家的国内中间商，其主要职责是交付贸易货物。对于国际市场经验不足或是出口运营能力有限的生产企业，其往往会通过出口中间商来进入国际市场。根据其是否拥有产品的所有权，可将出口中间商分为出口经销商与出口代理商。其中，出口经销商是指对所出口的商品拥有所有权的中间商；出口代理商则是指并非拥有出口商品的所有权，只是受到委托而买卖货物的中间商。

2. 进口方

进口方是指从国外进口商品并向国内市场进行销售的商贸组织或个人。进口方既可以先买后卖，又可以先卖后买。其中，前者是指进口方先买入商品，然后将商品卖给国内的经销商、批发商、零售商甚至个人；后者是指进口方先根据样品与买主成交，然后从国外购进商品，负责办理运输、保险和报关等事务，再根据合同将所购商品交付给买主，此时进口方充当中间商的角色。常见的进口方主要包括以下 3 点。

（1）进口中间商

进口中间商是指处于东道国的中间商，其主要责任是给付货款。根据其是否拥有商品的所有权，可将进口中间商划分为进口经销商和进口代理商。其中，进口经销商（又称为“进口行”）是指以自身名义从国外购买商品并销售给国内市场，从而获取利润的企业。按其业务范围，通常可将进口经销商划分为专业进口经销商、特定地区进口经销商和从国际市场广泛选购商品的进口经销商三类。由于进口经销商拥有商品所有权，其需要承担买卖风险。而进口代理商是以委托人的身份收取佣金的服务贸易企业。其主要类型包括经纪人、融资经纪商、制造商代理人和经营代理商。因为进口代理商不拥有商品所有权，所以其通常不需要承担买卖风险。

（2）零售商

零售商是指将贸易商品直接销售给最终消费者的进口国商户，其处于贸易商品流通的最终阶段，主要义务是直接为最终消费者服务，实现贸易商品的最终价值。零售商主要包括零售商店、无店铺零售、联合零售和新型零售（如连锁商业、连锁超市）等形式。其承担的职责包括采购、销售、调货、存货、拆零、分包、提供销售服务等方面。

（3）最终消费者

消费者是国际贸易生态链中不可或缺的重要参与主体。作为国际贸易生态链的终端，最终消费者的消费能力和消费需求决定商品流通的规模和种类。例如，在 B2B 贸易模式中，进口方企业和出口方企业直接进行商品的跨境买卖，进口方企业会根据消费者的消费情况选择进口商品的数量和种类，以确保消费者的需求得到充分满足。

3. 中间组织

在传统国际贸易模式下，国际贸易往往是“集装箱式”的大额交易，即通过商品批发、零售或是批发零售兼营等海外多级分销的方式，经过五个渠道（国内工厂→国内贸易商→目的国进口商→目的国分销商→目的国零售商），将集中的大批量货物送达消费者手中。这其中要涉及运输、保险、银行、商检、海关等部门的协作、配合，这些部门在传统贸易中是不可或缺的，可称为“中间组织”。在传统的国际贸易中，这些中间组织发挥着不可或缺的重要作用，为货物传输、资金流动和买卖交易安全提供坚实保障，使得国际贸易能够有条不紊地开展。

（二）内在结构

在传统国际贸易生态链上，参与主体主要有出口方（生产企业、出口中间商）、进口方（进口中间商、零售商、最终消费者）以及辅助贸易开展的中间组织，这些不同单元的专业化组织互相配合、共同协作，保障国际贸易的顺利开展。传统贸易生态链较长，从最初的生产商到最终的消费者，商品需要流经多个中间组织，这些中间组织有着明确的分工和职能，共同为国际贸易的顺利开展提供重要的支持。具体来看，传统国际贸易的中间组织包括以下 7 个。

1. 保险

保险的主要职责是对进出口货物在运输中会遇到的各种风险损失提供社会互助性质的补偿方案。根据货物的运输方式，对外货运保险业务可划分为海洋运输保险、陆上运输保险、航空运输保险以及邮包运输保险等。

2. 海关

海关是指一国设立在沿海、边境或内陆口岸的，依法对进出国境的货物、旅客及旅客行李等进行管制、征收关税以及执行查禁走私等任务的国家机关。无论是进口商还是出口商，都要在交易过程中进行进出口报关。

3. 银行

在传统的国际贸易中，贸易合同的履行需要多个不同的银行来协助完成。根据这些银行的职能不同，可以将其划分为四类，即开证银行、通知银行、议付银行、承兑银行。

4. 运输公司

在传统贸易生态链中，运输十分重要。根据运输方式的不同，运输公司可划分为海运公司、空运公司、内陆货运公司。

5. 检验机构

商品检验机构是指根据客户的委托或有关法律的规定对进出境商品进行检验、鉴定和管理的机构。在传统贸易中，除了交易双方自行对货物进行必要的检验外，货物还必须由某个机构进行检验，经检验合格后货物方可出境或入境。在传统贸易中，检验机构的类型包括官方检验机构、半官方检验机构、非官方检验机构。

6. 征信机构

征信机构指依法设立的、独立于信用交易双方的第三方机构，该机构通过收集整理以及分析企业或者个人的信息资料，继而出具信用报告以提供不同的征信服务，从而帮助客户判断和控制信用风险等。征信机构的存在能够在一定程度上降低国际贸易双方在信息不对称的前提下进行大规模交易所面临的风险。

7. 报关

报关主要是由报关行来完成，而报关行是指代理客户向海关递交单证材料、申报进出口货物、办理通关手续等业务、从事保管服务的境内企业法人。报关行主要经营的业务有七大类，即进出境物品、进出境货物、陆运业务、国际快递业务、以邮递方式进出境物品、进出口报关、空运等。

（三）演变方式

1. 参与主体的演变

在传统国际贸易模式下，国际贸易的参与主体较为单一且分散，进口方和出口方通过中间组织来完成贸易活动，贸易交易过程及方式十分固定，难以形成集聚效应，贸易企业很难针对消费者需求和市场状况及时做出应变和调整。一般而言，传统国际贸易的经营主体具有三个特点：第一，以线下实体企业为主，贸易企业多为跨国公司和大型企业；第二，贸易数额较大，贸易活动需要通过多种贸易中间商来进行；第三，没有平台的存在，生态链较为封闭，信息不对称问题较为突出。这些特点使得传统的国际贸易需要在固定场所开展，贸易向单一地理位置流动，国家之间的贸易联系不够紧密，信息传递缺乏效率。

为了进一步提高贸易流量和提升贸易运转效率，各国贸易团体开始积极寻找解决方法。例如，不同国家通过签订自由贸易协定（FTA）来加强成员国之间的贸易往来和信息共享，这大大提升了国际贸易效率。但是，这种方法并不能实现信息的充分自由流动，贸易空间的集聚性还体现在贸易中心、批发市场等方面。

近些年随着互联网信息技术的不断升级，依托互联网平台的跨境电子商务（如天猫国际）逐渐兴起，数字贸易应运而生。依托互联网平台而发展起来的数字贸易（跨境电子商务），其经营模式十分灵活，国际贸易模式开始由传统的企业间贸易（B2B 模式）转向 B2C、C2C 等模式。更多的贸易交易对象汇集在数字贸易平台，使得国际贸易的参与主体更加多元化，不再只是传统的大型商贸企业，越来越多的中小企业、个体商户甚至最终消费者纷纷参与其中。此外，在数字贸易的冲击下，国际贸易的中间组织也开始广泛使用互联网技术，来服务于新型贸易业态的发展。例如，随着跨境电子商务的快速发展，新型跨境物流公司、新型网络支付公司、新型网络贸易服务公司等开始涌现。

2. 内在结构的演变

在传统国际贸易模式下，国际贸易商品的传输是由出口方到达进口方再到达消费者，往往需要多层中间商、代理商、分销商的传递，这一漫长且烦琐的贸易流程不仅严重影响贸易的高效开展，还使各个参与主体的利益被分割。简化贸易过程、提高交易效率已经成为国际贸易生态链演变的主要目标之一。传统国际贸易生态链的内在结构演变，主要呈现如下特征。

第一，贸易中间商逐渐减少。在传统国际贸易烦琐复杂的流程中，各个交易环节是环环相扣的，某个环节出错就可能会影响其余各个环节的运行。如在交易前的准备阶段，传统贸易中的买卖双方只能通过报纸、展销会、博览会等媒介来获取相关信息，信息不对称性往往会使交易双方难以获得最佳货源和最低价格，进而影响整个交易的质量。如在合同履行阶段，传统贸易中的跨国支付周期较长、付款与收货的风险较大、进出口手续复杂，这会使得传统贸易模式下的跨国交易开展较为低效。由于商品和信息的传递越直接、简易，越有利于贸易效率的提升，因此，一些功能单一的中间商（如出口商、进口商甚至是零售商）都可以简化甚至去除。随着在跨境交易中互联网技术的应用日益广泛，贸易中间商的作用逐步淡化，进出口双方可以通过互联网技术进行贸易合作来实现信息直接传递，进而提升贸易效率。

第二，贸易交易环节逐渐减少。在传统国际贸易模式下，交易支付耗时较长、交易成本较高，且交易安全性和信用不易得到完全保障，交易存在较高的风险性。基于此，国际贸易的进出口商开始通过减少传统贸易中的复杂流程环节来控制风险，同时提升国际贸易的效率。如最初贸易双方往往采用信用证方式进行交易，其过程烦琐且耗时较长，当双方建立一定的联系或者经过几次合作之后，会倾向于使用电汇方式进行交易。电汇是以商业信用为根基的，风险仍旧较大，而信用证是以银行信用为担保，支付风险较小。因此，伴随着交易双方选择交易方式的偏好的改变，传统贸易参与主体开始重视对方的商业信用，这使更多的第三方中介机构（如征信机构）加入进国际贸易的流程中。在如今电子支付系统被广泛采用的情况下，电子单据等逐渐取代了传统的纸质单据，跨境国际贸易平台的支付系统将银行与客户等联系在一起，可以实现差异化服务的金融机构的广泛存在显著降低了贸易企业办理金融业务的成本。

第三，物流运输逐渐集约化、多元化。在传统国际贸易生态链中，物流运输这一环节十分复杂，跨境运输主要以大批量、少批次的海运、集装箱为主。在互联网技术的冲击下，买卖双方可以越过中间环节直接进行交易，小额订单的大幅增加催生出大量的国际邮政小包、国际快递业务，跨境运输开始呈现小批量、多批次的特点，物流越来越集约、轻便，这促进了物流模式向多元化的方向演进，如海外仓、边境仓及自贸区物流等多元化企业纷纷涌现。与此同时，便捷的物流网络还推动了跨境网络零售业的发展，使得许多中小企业甚至个体商户也能够参与国际贸易，国际市场上的商品日趋多样化，消费者的福利水平也因此逐渐提升。

二、数字贸易对传统国际贸易生态链的冲击

在传统贸易的框架中，整个交易过程存在代理商、批发商、零售商等参与主体，产品供给方和产品需求方较少直接进行交易。但是，在数字贸易的框架下，国际贸易的终端主体不仅可以通过网络技术实现相互沟通，而且能拥有获取更多商品信息的互联网渠道。由于新型的电子商务模式的广泛普及，消费者在国际贸易活动中正在扮演着越来越重要的角色。伴随互联网技术逐步普及而快速发展，数字化正在对传统贸易生态链的参与主体、内在结构以及演变方式产生冲击。

（一）对生态链参与主体的冲击

首先，从贸易的经营主体性质来看，传统贸易以线下实体企业为经营主体，而数字贸易的经营主体是电子商务类型的“虚拟”企业或实体与“虚拟”并存的企业。

其次，从参与主体涉及的数量来看，传统贸易涉及的参与主体较多，贸易活动需要通过各种中间商进行，而数字贸易涉及的参与主体较少，中间商并非不可或缺，个体可以直接作为参与主体，开展进出口活动。

再次，从经营主体的规模来看，传统国际贸易主要由大型跨国企业来主导开展，而数字贸易的产生和发展能够让更多的中小企业通过互联网途径将产品提供给消费者。

最后，从经营主体分散性的角度来看，相较于传统贸易经营主体的分散化，数字贸易能够依托互联网平台形成统一开放的网络系统，将参与主体集中于互联网平台。其具体冲击影响如下。

1. 对进口商的冲击

数字贸易主要通过互联网平台联结生产厂商和国内外消费者，即B2B、B2B2C、B2C模式均不同程度地缩短传统贸易的运营流程（生产厂商→国内出口商→国外进口商→国外批发商→国外零售商→国外消费者），使功能单一的进口商在贸易链中的地位显著下降。

一方面，在传统贸易模式下，进口商由于熟悉经营产品和目标市场而具有较高的销售能力。但是，在数字贸易模式下，互联网平台能够为消费者提供个性化操作和多样性选择，经营主体与消费主体之间的直接沟通能够显著消除信息不对称所产生的额外成本，消费者可以作为国际贸易的直接参与主体，不通过国内进口商而直接通过网络平台实现进口购买。

另一方面，进口商地位的下降不只是因为电子商务平台能够为供需双方提供直接交易的渠道，还因为随着数字贸易不断发展，原先由进口商负责办理的一切运输、保险和报关等流程正在逐步实现电子化变革。如在数字贸易模式下，运输有物流新模式（如海外仓），保险有新险种，报关有新体系和新制度等。

2. 对出口商的冲击

数字贸易主要依托互联网平台上的“虚拟”企业来助推发展，功能单一的出口商变得可有可无。

一方面，出口商是联结生产商和国际市场的重要桥梁，尤其是对缺少国际贸易经验和实力的中小企业而言，出口商能够为企业参与国际贸易带来交易费用较少、交易风险较小、操作较为简单等方面的好处。但是，在数字贸易模式下，跨境电子商务服务平台不仅能够代替出口商的主要作用（如寻找目标市场），还能够提供生产者与消费者之间的直接联系、强化过程管理与控制等。此外，数字贸易的发展还为中小企业带来新的发展机遇。中小企业的生产方式和组织形式都较为灵活，能够根据客户需求变化及时做出生产和经营调整，进而迎合全球范围内消费者的个性化需求，这使得中小企业参与国际贸易的比重大幅提升。

另一方面，在数字贸易模式下，产品供应商将被赋予传统模式下出口商所拥有的一些功能。产品供应商能够不断为互联网平台提供商品信息，直接为买方解答疑惑，还负责交付产品以及收取货款等事项。在传统国际贸易模式下，由于信息获取渠道单一，生产者希望通过出口中间商来尽快找到目标客户，而数字贸易的出现能够同时集聚生产者、供应商和消费者，进而形成合作网络平台并进一步强化市场功能，出口商的作用逐渐下降。

3. 对中间代理商的冲击

在数字贸易模式下，中间商作为生态链的参与主体的作用被大大弱化，呈现可有可无的态势。在传统贸易模式下，大多数中间商被划归类为佣金中间商或加价销售中间商。其中，佣金中间商主要参与贸易主体资质审查所需的征信、审查等中间环节；加价销售中间商是在连接企业与消费者之间的一些中间环节上提供帮助。

然而，数字贸易可以使得一批新型的跨境电子商务“虚拟”企业汇集在一个系统化的开放平台上。该平台能够同时汇集全球生产者、供应商和消费者，可以将消费者需求信息进行收集处理，再集中反馈给适合的供应商，从而实现各终端主体之间的直接沟通，在较大程度上打破出口方与消费者之间在空间上和时间上的限制，减少诸多的中间环节，进而实现较大的贸易流量。

因此，数字贸易的发展将在一定程度上减少中间商的市场份额，打破中间商对贸易信息的控制，让信息更加公开、透明，使买卖双方能够绕过中间商而开展贸易活动，从而节约贸易成本。然而，在数字贸易发展的前期阶段，中间商的地位并不能被完全取代，这是因为贸易信息的准确度和可靠度都还需要拥有专业知识的中间商来加以识别和把握，同时，中间商也可以通过网络平台更快地寻找买卖双方的信息业务，可以利用网络平台对货物进行实时追踪和强化管理等。

4. 对中间组织的冲击

从传统贸易到数字贸易演变，将会伴随海关报关清关、检验检疫、跨境运输、海外仓储、采购分销等环节逐步实现数字化变革。同时，信息服务平台等新兴平台可以为企业提供“一站式”服务，即帮助企业与保险公司、海关、银行和运输公司建立通信接口，完成电子文件交换等事项，从而提高企业效率和创造更大的经济效益。此处，笔者主要围绕保险、海关、银行、物流这 4 个方面来说明数字贸易对中间组织的影响。

（1）数字贸易将催生跨境电子商务生态保险

国际贸易中的保险需求（如商品破损、丢件、延误、假货等）一直存在，而新型的跨境电子商务模式需要有与之相匹配的保险产品，以适应业务模式从传统集货向碎片化、短期的海量订单转变。

跨境电子商务保险公司可以借助互联网技术对接商户平台和保险公司系统，来为跨境企业降低经营风险、为监管方降低监管风险、为终端消费者提供更可靠的保障服务，进而推动跨境产业的进一步发展。以豆沙包企业（一家跨境电子商务保险公司）为例，其主要为跨境电子商务生态圈提供风险保障基础业务，具体业务覆盖电商平台、物流、供应链及消费者售后等跨境电子商务的全链条。该企业通过以大数据驱动的风险管理体系、AI 机器学习算法的动态风险定价模型以及 AI 智能理赔技术，研发创新型保险产品，通过互联网完成实时报价、投保、定损及理赔整个闭环流程，实现对跨境电子商务进出口海量、碎片化及短期订单交易的全流程保障。

（2）数字贸易将驱动建立以海关为主导的跨境数字贸易税收征管体系

数字贸易的兴起有利于社会经济发展和全球消费者福利提升，但是也为国际贸易的监管部门带来一些难题。

互联网技术的快速革新以及数字贸易模式下交易产品的无形、虚拟和便于传输等特性使得消费者可以快速进行数字产品和服务的交易，这使监管部门在管理时必须快速处理突发事件。

（3）数字贸易将助推数字金融发展

在传统贸易模式下，支付方式主要通过信用证、托收等方式实现，同时还需要附上一些书面单据，而数字贸易模式下的支付体系将利用电子支付和电子单据代替纸质单据，相关转账、结算等业务主要在网上进行。

数字贸易的大力发展将驱动跨境支付技术的不断提升、数字货币的加速变革以及金融科技公司的快速发展。例如，欧洲七大银行合作建立的区块链贸易融资平台——“数贸联盟链”（DTC），该平台通过分布式账本（一个在线界面和移动应用）连接所有参与主体（如买方、卖方及其各自的银行和物流运输商等），来记录、跟踪和确保交易的安全，进而为欧洲企业提供更加良好的国际贸易环境。

与传统贸易中的信用证等方法不同，数字贸易下的银行体系革新有助于减少各种行政工作、加快订单清算过程、增强端对端的透明度，进而使中小企业等参与主体获益。

（4）数字贸易将推动物流体系发生重大变革

传统国际贸易的运输以海运、集装箱为主，主要采用单一化的物流运输模式，来解决生产与消费之间在时间和空间的限制。然而，在数字贸易模式下，物流体系将借助物流网、云计算和最新网络通信技术来作出相应的变革。

首先，随着跨国零售贸易的快速发展，小额订单、分散高频订单等将替代原有的大额订单，并出现大量的国际邮政小包和国际快递业务。

其次，物流经营模式由原来的以运输为主营业务转变为物流与供应链管理相结合（将生产者、供应商和终端消费者结合起来），实现整个供应链流程的重构和优化，进而缩短物流周期。

最后，数字贸易将推动虚拟平台与物流的协同发展，物流模式呈现多样化发展趋势，如海外仓、保税仓、第三方物流等新型物流模式不断涌现。

（二）对生态链内在结构的冲击

传统国际贸易的出口流程为“供应商→出口商→进口商→进口分销商→零售商→消费者”，整个流程的生态链较长，出口效率较低，供应商（出口商）所获利润较少。而且，传统国际贸易的流程包括诸多参与主体，如生产商、出口商、进口商、代理商或零售商以及消费者等，他们将不同程度地参与报价、订货、付款、备货、包装、通关、运输、结汇等中间环节，烦琐的中间程序将导致终端商品价格被大幅提升。

然而，数字贸易主要利用互联网平台为贸易企业提供便利，可以使生产商或出口商直接对接国外消费者。这极大地简化中间环节、消除消费者与商家之间的信息不对称。因此，数字贸易的快速发展将对国际贸易的生态链产生巨大的冲击。具体表现为。

1. 生态链结构短平化

数字贸易依托互联网技术和数字技术形成数字贸易平台，通过 B2B、B2C 等模式实现消费者与供应商的直接对接，能够及时追踪消费者需求变化，简化国际贸易的参与主体，从而通过降低贸易成本和丰富出口产品种类来推动国际贸易的快速增长。

由此可见，在数字贸易模式下，国际贸易生态链呈现短平化趋势。与传统贸易相比，数字贸易通过利用数字贸易平台，去除了中间出口商、进口商、批发商等中间环节的参与主体，国际贸易的生态链的缩短有助于降低贸易成本和提升贸易效率。

2. 生态链流向去中心化

数字贸易突破了以单向物流为主的运作模式，改变了国际贸易生态链的流向。在传统贸易模式下，人、财、物聚集后才能进行交易，而在数字贸易模式下，人、财、物不再必须是一体，三者之间的分离已是常态化。随着大数据、云计算等现代信息技术的广泛应用，跨境电子商务平台已经成为一个集资金流、信息流、物流、商品流等于一体的虚拟商业中心，这导致传统商业中心的地位逐步弱化。

在数字贸易模式下，产品供应商和最终消费者主要利用在线交易平台开展买卖活动；物流流向不再是“产品供应商→商业中心→最终消费者，而直接是产品供应商→最终消费者”；交易模式由原先的现付现结交易方式演变为网络平台交易方式，资金流向是“最终消费者→网络平台→产品供应商”。

3. 生态链环节简易化

在传统贸易模式下，整个交易的各个环节相互关联，其中一个环节出现问题，其余的环节都将受到影响。在数字贸易模式下，在交易准备、交易磋商和合同履行等环节都因互联网、大数据等现代化技术的广泛使用而变得更加简化、透明，各个环节通过信息技术而联系在一起，交易相关的订单等由互联网自动生成，这极大地增强了整个交易流程的安全性。另外，国际贸易所涉及的保险、物流、支付、清关等流程也都因互联网技术的广泛采用而有了较大的变革。国际贸易的生态链环节简易化，可以从交易准备、交易磋商和合同履行等方面进行更加详尽的论述。

首先，在交易准备阶段，传统贸易主要利用博览会、报纸、杂志等传统媒介进行产品信息的宣传或获取，其中的信息不对称性问题较为突出，买卖双方均难以实现利益最大化。然而，数字贸易模式下的买卖双方主要利用跨境电子商务平台来实时发布、更新、查询商品信息，可以更有效地找到最优交易对象。

其次，在交易磋商阶段，传统贸易常常使用邮件、传真等方式进行询价、报价、还盘和接受等磋商，而数字贸易依托平台进行及时磋商，各种交易磋商信函、电子单证等都通过网络传递，最后签署电子合同，整个流程方便、快捷、高效。

最后，在合同履行阶段，数字贸易借助现代化技术来实现支付、物流、通关等事项的安全性和简洁性，从而显著降低传统贸易在这些事项上的风险性和复杂度。

（三）对生态链演变方式的冲击

伴随着新型信息通信技术在国际贸易领域的广泛应用，跨境电子商务平台正在逐步替代传统贸易模式下的中间商角色，使得国际贸易的生态链趋于简易化、短平化，这无疑对传统贸易生态链演变造成一定的冲击。

首先，数字贸易发展将推动仓储、物流等环节实现突破式、创新性发展。全新升级的仓储、物流等模式有利于多个生产商同时实现高效率的进出口活动。

其次，在传统贸易模式下，国际贸易的生态链烦琐、复杂、冗长，生产商与消费者之间需要经过多级经销商和零售商；在数字贸易模式下，生产商能够与消费者进行直接联系，这极大地降低了中间成本和交易费用。

最后，不同于传统贸易模式中的清关手续由进出口商负责，在数字贸易模式下，可以依托人工智能深度学习技术、电子证据链技术和跨境互联网技术，在较短时间内完成跨境双边进出口清关过程，便捷地完成跨境远程报关、清关任务。

因此，数字贸易将对传统贸易生态链的演变方式造成有力冲击。具体表现为以下 4 点。

1. 贸易模式虚拟化

伴随着数字贸易的快速发展，单一的实体贸易公司、批发市场等地位日渐下降。在传统贸易中，实体贸易市场将生产者、供应商和消费者等贸易参与主体集聚在同一个空间和时间下而自身成为国际贸易中心，而数字贸易通过互联网虚拟平台将全球的生产者、供应商和消费者集聚在一起，实现物流、商流、资金流及信息流的汇集。

很显然，数字贸易平台的集聚效应更为明显。因此，越来越多的个体、企业采取数字贸易方式开展进出口活动，线上与线下的结合更为紧密，这促使贸易模式呈现虚拟化发展态势。而且，无论是产品信息展示、交易磋商方式还是合同履行途径，数字贸易利用大数据、移动互联网、网上支付等现代化信息方法实现了要素、交易和传输过程的虚拟化。其中，新型仓储模式的出现，有效地配合了网上物流信息的追踪和监控。

与此同时，贸易模式虚拟化也会带来一些弊端。如由于无法对参与贸易的每一个主体的经营地点以及利润情况做出精准确定，给税务管理部门的工作带来一定的难度。

2. 贸易模式集成化

数字贸易可视为一个以数字贸易平台为核心，各环节紧密联系、各主体协同共生的有机生态系统。

首先，在数字贸易模式下，虚拟网络平台不仅是国际贸易运行的场所，还是协调和配置资源的基本组织，该平台能够依靠信息流汇集各个主体及各类资源。

其次，数字贸易能够依托虚拟网络平台，促进采购、仓储、营销等环节的集约化管理。

最后，跨境电子商务平台还汇集全球的生产者、供应商和消费者，实现上述三大主体的集成，从而减小信息不对称所形成的价差；而且，商品选择、交易付款、物流运输等流程一站式完成还能够有效降低成本，提高各方的收益。

3. 贸易模式普惠化

在数字贸易的不断冲击下，国际贸易模式正在向普惠化趋势演变。

从企业角度来看，传统贸易主要服务于跨国企业或大型企业，中小型企业受自身规模、国际经验等限制无法顺利开展国际贸易，而且参与国际贸易的企业无法全面获得目标市场、最终消费者等方面的信息，难以实现各自利益的最大化。然而，数字技术的广泛应用极大地降低了企业开展对外贸易的门槛，有效地弱化了信息不对称问题，跨国企业、中小企业、微型企业乃至个人都可以参与对外贸易活动并从中获利。

从消费者角度来看，消费者不仅能够更加便捷地获得高质量的商品和服务，还能拥有更多的贸易企业所提供的个性化、多样化的选择。随着个人消费者的贸易参与程度不断深入，电子商务贸易服务平台上的企业将会通过为消费者提供个性化服务来获取新的竞争优势。

数字贸易能够使得生产者与消费者直接联系，能够将分散的贸易流量和消费者信息汇集在共同平台之上，这使得企业为消费者进行差异化生产和个性化服务成为可能，消费者福利也会因此得到一定的的提升。

4. 贸易模式融合化

数字贸易平台通过综合多种中间商角色，实现了采购、仓储、加工、配送等产业的深度融合，这些因素共同驱使贸易模式向更加开放、更加融合的方向演化，如数字贸易将助推服务贸易与货物贸易的深度融合发展。

第一，数字贸易的快速发展使得外贸企业面临的全球市场竞争更加激烈，企业将不只局限于为消费者提供高质量的商品和服务，如何整合生产者、供应商、仓储、物流、销售等环节来形成有效的供应链尤为关键。

第二，数字贸易发展过程中所涌现的专门从事综合服务的平台型企业将加快服务贸易与货物贸易的融合。在数字贸易模式下，专业的服务型企业能够通过其所掌握的规模化和标准化的对外贸易流程，向其他中小型企业提供信息流、物流和资金流等方面的服务，来实现外贸企业成本降低和利益最大化，这在客观上加速服务贸易与货物贸易的融合。

三、国际贸易数字化的基础生态链

（一）参与主体

在传统贸易模式下，国际贸易的核心参与主体是生产者、经营者和消费者，其中，经营者承担连接生产者和消费者的桥梁的角色并在贸易活动中起主导作用，生产者是商品的供给者和第一个出售者，消费者是商品的需求者和货币的提供者。

在数字化模式下，国际贸易的核心参与主体则是产品供应商、消费者以及数字贸易平台（包括提供信息流服务的数字贸易信息平台、提供物流服务的数字贸易物流平台、提供资金流服务的数字贸易支付平台）。其中，数字贸易平台作为国际贸易数字化生态链的核心，不仅需要实现生产者与消费者之间的联系，而且需要实现消费者在该平台上浏览产品、下单和支付等活动。

在传统贸易模式下，产品供应商和最终消费者之间并不直接开展交易，整个交易过程还存在代理商、批发商、零售商等中间机构；在国际贸易数字化模式下，产品供应商和消费者之间可以通过数字贸易平台直接进行交易。这极大地简化贸易过程，并促进贸易运作方式转变。

1. 产品供应商

供应商作为产品生产者，是国际贸易数字化生态链的交易主体，这些供应商包括个人、企业、社会团体或者政府机构。在数字贸易生态链中，产品供应商的特点主要表现为两个方面。

一方面，与传统供应商所面临的交易环境不同，这些供应商本质上是网络供应商，主要借助于服务集成商所搭建的数字贸易综合服务平台提供产品信息发布和产品供给服务，全部交易过程实现电子化。

另一方面，这些供应商的企业规模跨度很大。发展初期的国际贸易数字化主要是跨境电子商务的 B2B 模式，其参与者主要是大中型企业。随后，跨境电子商务的 B2C、C2C 模式逐渐兴起，吸引大量的中小型企业甚至个体商户参与其中，这使得数字贸易的供应商包括大型企业、中小微企业甚至个人网商。如今，越来越多的外贸企业参与国际贸易数字化之中，甚至抛弃传统的线下业务，开始规模化、专业化地运作线上业务，这些企业已经成为数字化国际贸易生态链上数目最为庞大的参与主体。

2. 跨境电子商务企业

作为数字化国际贸易的主要形式之一，跨境电子商务（简称“跨境电子商务”）是指通过跨境电子商务平台达成交易、进行支付结算，并通过跨境物流送达商品、完成交易的一种国际商业活动。

跨境电子商务企业正是跨境电子商务中的主要参与者，通过提供跨境服务和进行跨境商品交易来获取利润。不断壮大的跨境电子商务正在引起国际贸易数字化格局的巨大变革，大量的外贸企业正在向跨境电子商务企业转型，以利用跨境电子商务所构建的开放、多维、立体的多边经贸合作模式，来实现多边资源的优化配置与企业利润的最大化。

随着跨境电子商务的不断升级，B2B、B2C、C2C 等商业模式的兴起使跨境电子商务企业的经营模式更加多样化和专业化，企业与消费者的沟通和联系更加紧密。

3. 数字贸易平台

从国际贸易数字化信息流的角度来看，数字贸易平台既是数字化国际贸易生态链的起点又是核心。数字贸易综合服务平台将供应商与消费者全部汇集在平台，并为其提供网络产品展示和交易的平台，买卖双方只有利用该平台提供的信息流才能保证交易正常进行。

从操作流程的角度来看，国际贸易数字化平台首先获取、组织、共享产品服务商的各类资源，然后基于对消费者需求的识别进行精准匹配、整合创新，形成体现自身经验和思维成果的一站式数字贸易服务解决方案，从而缩短交易流程、减少交易环节、提高交易效率。具体来看，国际贸易数字化平台包括以下 4 个方面。

（1）提供信息流服务的数字贸易信息平台

在国际贸易数字化交易中，该平台是协调和配置资源的基本经济组织，其通过构建生态链上各环节相互关联的信息网，进而成为汇聚各方数据的中枢，同时该平台也是实现价值创造的核心。

（2）提供物流服务的数字贸易物流平台

物流货运代理企业作为国际贸易数字化物流服务平台的支撑企业，为数字贸易活动提供全程的物流服务。在传统国际贸易模式下，物流货运代理企业利用其所拥有的运输、仓储、报关报检等业务的资源和经验而服务一般进出口贸易企业，而随着国际贸易数字化发展，物流货运代理企业开始把服务范围拓展到数字贸易行业，已经成为数字化国际贸易业务的重要参与主体。

（3）提供资金流服务的数字贸易支付平台

安全、高效的跨境支付体系是支撑数字国际贸易发展的基础性保障。实现不同货币之间的国际支付和国际结算是开展数字化国际贸易的关键问题和主要难点。随着跨境电子商务的不断发展，银行、支付平台企业等金融机构已经开始进入数字贸易行业，成为在国际贸易数字化生态链上围绕数字贸易平台活动的支撑性企业。

此外，支付平台企业（如支付宝等企业）也开始主动开展与数字贸易业务相匹配的支付服务，如在海外电商平台上开通自己的支付接口等。

（4）提供增值服务的平台型企业

这些企业寄生于国际贸易数字化平台，主要为国际贸易数字化开展提供增值服务，如数字贸易供应链服务企业、跨境市场营销企业、国际物流增值服务企业等。

4. 最终消费者

国际贸易数字化的产品消费者是生态链的终点，负责接收商品和支付货币，并将购物信息反馈给平台服务商和产品供应商。作为交易主体之一，消费者是产品的接受者和使用者，其可以是个人、企业、社会团体或者政府机构。相比于传统贸易模式，在国际贸易数字化模式下，消费者在国际贸易中的参与程度和参与方式发生了巨大的变化，主要体现在以下 3 个方面。

（1）消费者的角色发生了变化

在传统国际贸易模式下，生产者把商品提供给经营者，经营者再将商品销售给消费者，在大多情况下，商品在经营者之间需要经过多级传递才会到达消费者，而消费者的消费需求和对商品的反馈也需要经过层层传递才能被生产者所感知和接受。但是，在国际贸易数字化模式下，生产者与消费者可以直接对接，消费者能够更加直接地参与到贸易过程，其与生产者的互动和沟通增多，其满意度会因此得到大幅提升。

（2）消费者对商品信息的获取更加完备、便捷

在传统国际贸易方式中，消费者所能获取的商品信息受地域、信息媒介的限制，往往需要花费大量的时间和精力去搜集和筛选关于商品购买及使用的信息。但是，在国际贸易数字化模式下，消费者通过网络即可获取最直接的商品信息，只需要输入关键词便可以实现有效匹配和精准检索。

（3）消费者采购商品的方式更加便捷、高效

在传统国际贸易模式下，消费者对于所需购买的商品，通常要进入实体商店

进行选择和采购，但在国际贸易数字化模式下，消费者可以通过网络和数字信息很快地选购目标商品。

5. 中间组织

在传统国际贸易模式下，国际贸易的中间组织主要包括保险、海关、银行、运输公司、检验机构、征信机构、报关等，而在国际贸易数字化模式下，这些中间组织同样发挥着重要的作用，与此同时，一些新型的中介组织逐渐兴起，如海外仓、国际物流系统等，海外仓便是跨境电子商务发展到一定规模后的必然产物。

首先，由于快销产品销售具有订单数量繁多、单一订单订购量较少等特点，传统的进出口贸易显然不能完全适应市场的需要。传统的进出口贸易主要是企业间贸易（B2B 模式），而国际贸易数字化模式下的跨境电子商务业务不仅包含企业间贸易，还包括企业与消费者直接开展贸易（B2C 模式）。中间环节的大幅缩减将使得跨境电子商务企业能够在市场竞争中获得价格优势。而且，跨境电子商务企业使用海外仓则能够缩短商品到达顾客手中的时间，有效避免顾客长久等待，这能使消费者获得更好的购买体验。

其次，由于传统的邮递包裹具有物流速度较慢、运输耗时较长、包裹容易丢失和错拿、产品破损率较高、货运种类非常有限等缺点，而国际贸易数字化模式下的跨境电子商务企业要实现又快又好的发展则不能以传统邮递作为主要的物流方法，其使用海外仓则可以大大降低商品运输过程中存在的意外损坏的风险，进而更好地控制物流成本。

最后，“互联网 +”、大数据等先进技术的迅速崛起和广泛应用也为国际贸易数字化模式下的跨境电子商务企业运营海外仓提供了坚实的物质技术基础。此外，国际物流系统也是跨境电子商务发展到一定阶段所产生的新型中间组织。国际物流是指两个或两个以上国家或地区之间的商品物流和信息物流，而随着国际贸易数字化的不断发展，国际物流的重要性日益凸显。国际物流系统是一个多环节的、复杂的信息系统，各个子系统伴随着信息流动和商品物流紧密联系在一起，根据系统的总目标，各个子系统之间通过信息传递和信息共享来相互协调，适时、适量地配置和调度系统的资源。

（二）内在结构

与传统贸易生态链不同，国际贸易数字化生态链存在资金流、物流和信息流之间的流转关系，是以数字贸易平台为中心，通过多种渠道实现各个主体之间信息、商品、物流、资金的流动、分享与循环。简而言之，国际贸易数字化生态链是在数字贸易环境下，产品供应商、数字贸易平台和消费者之间构成的链式关系，是各个主体之间共享信息、相互作用进而形成的有机系统。国际贸易数字化生态链的内在结构可分为四个层次，即核心层、信息层、流通层、资金层。

第一，核心层。随着国际贸易数字化快速发展，数字贸易平台不仅是协调和配置资源的基本经济组织，还是价值汇聚和价值创造的核心架构。在数字贸易平台上，价值创造是在充分利用互联网技术的基础上，通过整合供应链的各个环节，促成相关贸易参与主体的交易协作和适度竞争。目前，国际贸易数字化生态链将逐步演变为以数字贸易平台为核心、各贸易环节智能联动、各贸易参与主体互利共赢的数字贸易有机生态系统。

第二，信息层。伴随计算机、大规模集成电路等数字技术的广泛应用，互联网已经成为发展数字经济和国际贸易数字化的基础。数字经济是以使用数字化的知识和信息作为关键生产要素、以现代信息网络作为重要载体、以信息通信技术的有效使用作为效率提升和经济结构优化的重要推动力的一系列经济活动。数字经济是国际贸易数字化的生态基础，国际贸易数字化生态链的信息层具有透明化、精准化、高效化的特征。与传统国际贸易相比，数字贸易的信息流更加活跃、完备、迅速，这些信息流包括产品信息、交易信息和消费者的消费反馈信息等。

第三，流通层。生态链的流通层主要是物流系统，物流是国际贸易数字化生态链上实体商品流动的信息体现，主要为现金流动和信息流动提供保障，并对跨境物流运作、跨境市场运行体系以及海关通关作业流程等方面的改进提供数据支撑。同时，流通层还可以助推数字贸易平台实现报关、质检、征税、汇款、物流等活动的一体化操作。

第四，资金层。在数字化时代，金融科技与贸易金融逐渐呈深度融合模式。在国际贸易数字化模式下，生态链上资金层的货币流通变得更加便捷，持续优化的金融配套服务、国际理赔服务及供应链服务共同推动资金流的快速流通，而应运而生的跨境支付系统、电子支付系统为资金层的有效运作提供充分的技术支持。

目前，国际贸易数字化生态链有三个特征，即结构完善、功效强大、价值共享。

第一，生态链拥有完善的组织结构，其主要是由不同类型的贸易主体（也称“节点”）将各个节点连接起来的链条组成，各个节点能够实现协调、互动与连接。

第二，生态链拥有强大的内在功效，这主要表现为生态链上的资金流、信息流、物流的流转成本较低、流转质量较高和流转速度较快。

第三，生态链可以实现价值共享。贸易主体之间不仅会实现价值共享，而且会通过共同创造价值，提高生态链的整体价值。与其主要特征相对应，国际贸易数字化生态链可以以连接方式多元化、链长适度优化、链中链结构灵活化等方式来进行优化，其优化目标是实现生态链的整体价值最大化、节点增值最优化和共享价值合理化。

第三章　国际贸易的数字化转型

国际贸易数字化是智能科技集成协助的产物，也是时代发展的必然。本章为国际贸易的数字化转型，主要包括国际贸易的数字化转型的要素、新业态、价值以及壁垒。20 年前，中国乃至世界都不约而同的进入到了一个以信息技术引领的时代中，这也使传统国际贸易向数字化国际贸易转型。事实上，数字化国际贸易已经经历了 3 个阶段，从贸易信息展示平台，贸易在线交易平台，到贸易产业链综合服务平台，目前正在迈向数字化贸易的商业操作系统的阶段。

第一节　国际贸易的数字化转型要素

一、数据

数据主要是一种记录和鉴别客观事件性质、状态的物理符号或者组合，同时能够识别客观事物的性质、状态和相互关系等，是一种特殊形式的信息资源，具有可辨认性和抽象性。数据包括数值和非数值两类，其中又以数值居多，数字并非仅限于狭义，它还包括文字、字母、数字符号的组合、图形等，是对客观事物数量、属性等的抽象表达。在我们生活中处处有数据存在，从学校到家庭，从社会到自然……所有与人们密切相关的活动都离不开数据。例如，“0、1、2……”“阴、雨、下降、气温”等均为数据。数据就是用来描述客观现实世界或现象存在的各种形式、大小以及它们之间内在联系的数值，经过加工处理，数据被转化为一种信息形式，信息通过传输渠道进入计算机系统，由计算机系统对其整理与分析。在计算机科学领域，数据是一种介质，它包含了字母、数字等具有一定意义的符号，这些符号可以被计算机程序处理并输入电子计算机中。随着计算机存储与处理对象范围的逐渐扩大，这些对象所包含的数据也变得越来越复杂，需要更加精细地处理。

信息和数据之间虽然存在着紧密的联系，但也存在着显著的差异。数据是信息的呈现方式和媒介，包括符号、文字等形式。在人类认识世界中，存在着大量的数据和信息，它们构成一个完整的系统。数据所包含的信息，是对其有意义的阐释，信息则是在数据的基础上加载的，因此数据和信息是相互关系、相互影响、相互促进的，两者相互依存，信息的表达离不开数据，数据则以生动具体的方式呈现信息。数据反映了事物运动变化过程中存在的规律，信息描述了事物发展过程中的状态特征或趋势等信息。数据是一种具有符号化和物理性的信息，经过加工处理后，逻辑性和观念性对决策产生着深远的影响。数据与信息具有相同的本质，都属于物质世界范畴，两者相互作用，共同构成一个系统，这个系统就是数据库。信息是以数据形式表现出来的知识或概念，数据作为信息的表达和传递媒介，承载着数据的内在含义，同时也是形态和质量之间的紧密关联。数据的本质意义在于对实体行为的影响，只有在这种影响下，数据才能转化为有用的信息。

（一）数据的概述

1. 数据挖掘

数据挖掘是一项复杂的任务，它需要从大量、不完整以及模糊随机的应用数据之中，成功挖掘出那些隐藏在其中的信息与知识，这些信息和知识是人们事先不知道的，但却具有潜在的有用价值。简言之，数据挖掘是从海量数据中提炼或者“探索”知识的一种方法。实际上，并不是所有的数据挖掘任务都被视为信息挖掘的范畴。如在信息检索领域，寻找特定的网页或者查询个别记录的任务，可以通过数据库管理系统或者因特网搜索引擎来完成。在大多数情况下，数据挖掘任务与信息检索一样简单，即利用已有的知识、规则和方法对给定的数据源进行分析处理，以获得有用的结果。这些使命虽然存在一定可能涉及使用烦琐的算法与数据结构，但它们主要依赖传统的计算机科学技术以及数据的显著特征，对索引结构进行有效构建，以便更加高效地组织与检索信息。即便如此，信息检索系统的能力已得到提升，这得益于数据挖掘技术的广泛应用。

在数据库技术飞速发展和数据库管理系统被广泛使用的今天，人们不断地积累资料，最终产生了大量的数据。当前，数据库系统虽然能够实现多种功能，如数据查询功能、数据录入功能等，但是却不能发现其中的关系与规律，也不能依据已有数据对未来趋势进行预测。将迅速增长的大量数据收集起来，并且存储于大型数据库之中，已超过了人类所能掌握的范围，因为没有有力的措施，所以有人称它为“数据坟墓”。在大数据库不断建立、海量数据层出不穷的今天，不可避免地产生了对强大数据分析工具的一系列迫切要求。缺少挖掘隐藏在数据背后的知识的方法，造成数据爆炸，知识很贫乏的现象，即现实情况中的资料是非常丰富的，但资料却是相当贫乏的。从庞大的数据库及海量庞杂的信息中抽取出宝贵知识，以进全面提高其利用率是非常有必要的。随着科学技术的发展，数据挖掘近几年在信息产业界受到高度重视，究其原因是大量的数据能被广泛地灵活应用，且急需把它们转化为有用信息与知识。所获信息与知识可广泛用于商务管理、生产控制等领域。面对浩如烟海的数据库以及庞大烦琐的资料，怎样从数据库中挖掘出宝贵的知识并进一步提高其利用率，这就产生了新的研究领域，即基于数据库的知识发现和数据挖掘理论与技术的深层次研究和探索。

数据挖掘有如下特征：一是数据挖掘是多学科共同作用的结果。数据挖作为一个多学科交叉的研究领域，它采用人工智能、统计学中的抽样等方面的研究思路。二是数据挖掘是多种技术的综合应用。在完成数据挖掘的过程中，需要对信息和数据进行检索，并利用数据仓库等技术进行组织和存储；运用多种算法对数据进行分类、聚类、相关等模式和特性的发现和识别，并对这个过程中的异常进行检测；得到的结果则进行多种方面的应用。

（1）数据挖掘的应用

数据挖掘已经被广泛地应用于多种行业和领域，其功用也极为广泛，有市场分析和管理、风险分析和管理、欺骗检测与管理、法人分析及其风险管理，这些应用都基于数据库分析和决策支持。

在市场分析和管理的应用方面，数据挖掘可以对一段时间以来的信用卡交易、会员卡使用情况、打折优惠券的发放和使用情况、顾客投诉电话等数据进行分析和挖掘。对数据进行分析，根据其消费数据找出具有共同兴趣、消费水平相当、收入水平接近、消费习惯相似的顾客群体，让数据挖掘出的结果告诉我们什么样的顾客会购买什么样的产品，从而对顾客的需求进行识别，有目标且有针对性地进行精准销售。还可以对销售的明细数据进行分析，也就是所谓的购物篮分析，如著名的婴儿尿布和啤酒的购物篮关联分析的结果，促使沃尔玛超市将它们布货到相近的区域以促进销售。另外，还可用于顾客关系管理、市场分割、识别顾客需求（如对不同的顾客识别最好的产品，并通过预测来发现什么因素会影响新顾客）和提供汇总信息（生成各种多维汇总报告，并进行如中心趋势和方差等数据的统计分析）。

在风险分析与管理的应用方面，可以对风险进行预测和预警、改进保险业务的品种和细则、进行生产过程及其产品的质量控制，以及企业和行业的竞争能力分析等。

在欺骗检测与管理的应用方面，可以通过分析历史数据，找出欺骗行为的特征，建立欺骗行为模型和欺骗预警机制，有效地降低欺诈风险，减少损失。在金融欺诈方面，可以利用数据挖掘的方法，检测可疑和异常的金融交易，从而及时发现如洗钱等金融违法活动的线索，如美国的金融犯罪执法网和中国的金融机构都利用数据挖掘的技术建立了这样的机制。通过对电话呼叫模式、通话距离等数据的分析，数据挖掘可用于检测电话诈骗是否偏离了预期的模式。如果这些数据与正常用户接近，就能有效地预测潜在诈骗事件。英国电信公司通过识别频繁内部通话的呼叫者离散群，尤其是移动电话，成功规避了数百万美元[①]的欺诈阴谋。在其他领域，数据挖掘还能够应用于新闻、电子邮件等文本挖掘、流数据挖掘等方面。

①数据挖掘技术在电信行业客户关系管理的应用案例。

通过对客户历年长途、市话等相关数据的深度关联分析，同时与客户的分类相结合，从消费的能力、习惯等方面分析和预测客户的话费行为，为电信运营商的相关经营决策提供可靠依据。例如，在实施市场优惠政策以前，利用数据挖掘技术预测和仿真结果，可以揭示优惠策略中的潜在问题，进而及时地调整和优

① 1 美元约等于 7.2605 人民币。

化政策，以实现优惠促销活动的最大化收益。通过对客户历史业务数据中记录欺诈事件的数据挖掘，深入挖掘各种骗费和欠费行为的内在规律，从而构建一个包含欺诈与欠费行为规则库。该规则库可自动对客户进行分类，并将不同类别客户对应的欠费率设置成相应的阈值。只要客户的话费行为和库中的规则相符合，系统将提示相关运营部门及时采取对应措施，以尽可能使运营商损失风险降到最低。

根据已有的客户流失数据，构建与客户流失概率相关的数学模型，包括客户属性、服务属性等数据，以便有效监测客户流失的可能性，并且在必要的时候及时采取挽留措施，如通过促销等方法提高客户忠诚度，避免客户流失。电信运营商在成功获取客户后，不再面临无法监测客户流失、无法有效实现客户关怀的困境，这一转变已经得到根本性的改变。

②数据挖掘在金融企业的应用案例。

Credilogros C í a Financiera S.A. 是阿根廷的第 5 大信贷公司，资产估计价值 9570 万美元[①]。数据挖掘技术作为一种新兴的数据分析技术，其强大的数据处理功能能够帮助用户发现其中隐藏着的规律，并通过一定的方法加以应用，达到提高企业经济效益的目的。对于 Credilogros 而言，一项至关重要的任务是识别和潜在预付款客户相关的潜在风险，从而把承担的风险降至最低程度。该公司的首要目标是打造一个决策引擎，能够将公司核心系统和两家信用报告公司的系统相互融合，以高效处理信贷的申请。公司为客户提供一套可供他们选择的信贷产品及方案，其中包括信贷计划，贷款审批流程以及对信贷项目进行审核等方面。Credilogros 积极研发一款个性化的风险评估工具，以满足服务的低收入客户群体的不同需求。Credilogros 采用 SPSS 系列的数据挖掘软件 PASW Modeler，将其集成到 Credilogros 的核心信息系统中，进而把信用数据的处理和最终信用评分的提供时间缩短至 8 秒以内，使得该组织可以快速、高效地批准或者拒绝信贷请求。Credilogros 的决策引擎在一定程度上简化了客户需要提交的贷款证明文件，甚至在一些比较特殊的情况下只需提供一份身份证明，就能够完成资格认证，并且成功获得信贷批准。该系统可为银行和其他金融机构提供一个统一的信用评

① 1 美元约等于 7.2605 人民币。

价标准，以帮助他们更好地管理信用风险。此外，该系统还具备监测功能，以确保系统运行的安全性。

③数据挖掘在物流企业的应用案例。

敦豪航空货运公司（以下简称DHL）在全球快递与物流领域处于领先地位，提供多个方面的服务，如快速服务、国际邮件服务等。美国食品药品监督管理局（以下简称FDA）要求，药品在运送过程中，装运的温度必须达到一定标准。DHL的医药行业的客户也提出了相应的要求，要求运送服务更加可靠和经济。DHL需要实时监测集装箱在运输过程中的温度变化，以确保递送过程的顺利进行。

记录器方法所生成的信息虽然精确无误，但是由于没有办法实时传输数据，客户与DHL均无法在温度出现偏差的时候，及时采取相应的预防措施与纠正措施。由于温度是影响邮件投递质量的重要因素之一，因此必须对温度进行精确控制。通过意大利电信集团（以下简称TIM）的技术与创新管理，制订了一系列计划，旨在利用RFID技术实现对装运温度的全程跟踪，覆盖不同的时间点，该方案包括建立一套完整实用的解决方案，确保温度检测的准确性、实时性以及完整性。DHL已委托国际商业机器公司（以下简称IBM）的咨询服务部门，开发了一套服务系统的流程框架，并明确其关键功能参数，不仅可以帮助公司快速获取相关的运输情况信息，还可实现对装运人员的安全培训以及为公司节省大量人力成本等。DHL通过对数据的监控、分析以及挖掘，实现了对医药客户在运输过程中出现问题的提前响应，同时用较低的成本，使运输的可靠性得到较大幅度的提升，从而提高了客户的满意度和忠诚度。对于供应商而言，可以减少由于产品运输造成的库存损失和运输成本。对于竞争对手而言，为确保在市场上长期保持竞争优势，奠定了更加坚实的基础，成为一项重要的新收入增长渠道。

（2）数据挖掘系统结构

数据挖掘不只是对数据进行计算性的分析和统计，同时涉及数据的检索、组织、整理、存储、分析和应用等过程。如图3-1-1所示，为典型的数据挖掘系统结构，由多个部分组成。

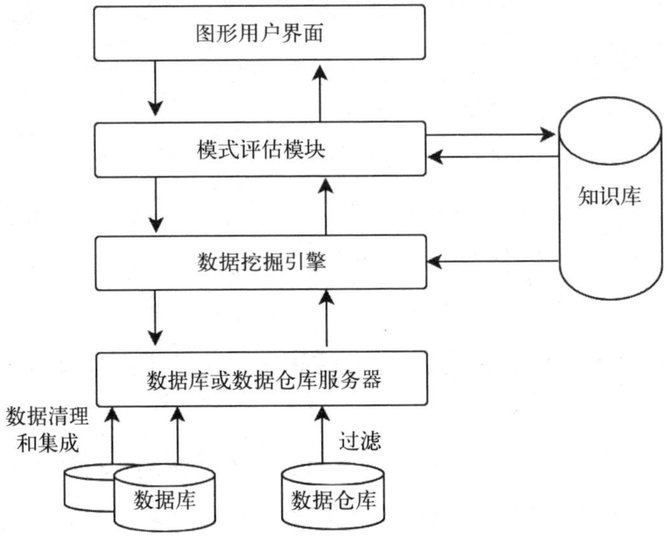

图 3-1-1 数据挖掘的系统结构[①]

①数据库、数据仓库或其他信息库。是一系列数据库、数据仓库、电子表格或其他类别之信息库，这些信息都是经过分析，处理后得到的，并以不同形式存在于系统中。数据清理与集成是一项高度智能化的任务，需要在多个领域进行深入研究和探索。

②数据库或数据仓库服务器，为了充分满足用户对数据挖掘的不同需求，数据库或者数据仓库服务器被委托提取相关数据。

③数据挖掘引擎是数据挖掘系统的核心组成部分，由一系列功能模块构成，主要用于特征化、关联、分类等。

④模式评估模块。运用兴趣度量，同时和数据挖掘模块进行互动，以将搜索过程聚焦于引人入胜的模式上。

⑤图形用户界面。实现用户与数据挖掘系统之间的互联互通，允许用户和系统之间互动，并明确数据挖掘的具体任务。

⑥知识库，该领域的专业知识可用于引导搜索或者评估结果模式的兴趣度，从而提高搜索和评估的效率。

① 数据分析．干货：手把手教你做数据挖掘[R/OL]（2019-11-8）[2023-8-22].https://www.sohu.com/a/352513891_197042.

（3）数据挖掘的过程

数据挖掘是数据分析的高级阶段，也是企业等组织提升其竞争力所必须经历的一个阶段。数据挖掘所起的作用，从企业的商业角度来看，就是在提出了商业方面的问题后，能够在借助于商业行业经验的基础上，依靠企业和相关资源所获得和积累的数据，通过数据挖掘的工具和算法，获得能够解决或优化商业问题的知识和决策支持。数据挖掘是一项从海量数据中，经过分析成功提取有价值信息与知识的一个复杂过程，需要运用深度挖掘和数据分析等高级技术。随着信息技术的飞速发展以及计算机应用领域的不断扩展，数据挖掘已成为当前研究的热点之一。每一种数据挖掘技术方法，均有其独特的特点与实现步骤，如不同的数据挖掘技术在输入、输出数据的形式结构、参数设置等方面都有其独特的特点与要求。此外，数据挖掘和具体的应用问题同样存在密切的联系，所以灵活应用数据挖掘技术，成功实现预定目标的过程，就本质而言是一项非常复杂的任务。数据挖掘的技术思路，如图 3-1-2 所示。

图 3-1-2　数据挖掘的技术思路

为了完成对一个商业问题的数据挖掘，一般要经过启动—计划—执行—控制—收尾的过程，这是一个典型的“项目”，可以运用项目管理的方法和理论来进行计划、实施和管理。实际应用中的数据挖掘包含了对商业问题的理解、行业经验的运用、数据的收集检验与预处理、算法的使用以及挖掘结果的运用等一系列活动，也是一系列的项目活动，所以称其为数据挖掘项目。开展数据挖掘项目时的时候，需要经历一系列复杂的步骤，包括对问题和数据的深入全面理解、对数据的高效收集等。随着信息技术的飞速发展以及计算机应用领域的不断扩展，数据挖掘已成为当前研究的热点之一。由于数据挖掘项目所涉及的行业、领域的多样性，需完成的过程和关键环节也因之不同，因此在数据挖掘时，必须采用相应的系统方法论来指导。众所周知，系统化的数据挖掘方法、工程化方法学和支持系统，对于解决应用问题具有非常重要的作用，为了建立系统化的数据挖掘方法，众多机构均提出了数据挖掘过程的参考模型或者标准，具体而言就是数据挖掘过程模型。数据挖掘过程模型是一个以特定业务需求为导向，以一定规则约束为支撑，具有较高通用性的通用建模框架。数据挖掘项目的实施流程与步骤在方法论层面上得到了明确，因为数据挖掘过程模型已经脱离了具体的数据挖掘算法、模型以及系统。常见的有三阶段过程模型、数据挖掘特别兴趣小组提出的CRISP-DM 模型、SAS 提出的 SEMMA 模型和 SPSS 提出的 5A 模型等。

（4）数据挖掘面临的挑战

①数据海量。随着海量数据集的大面积普及，规模不断扩大，每千兆字节（TB）的移动空间也越来越大，为了更好地应对海量数据的处理，算法需要具备高度的可扩展性与伸缩性。在这一整个过程中，每个步骤都是相对独立又相互联系的，并贯穿于整个数据挖掘项目实施的始终，同时为了实现可伸缩，需要采用一种全新的数据结构，以确保个别记录能够被高效访问。如当所需处理的数据无法被存储于内存中的时候，可能需要采用非内存算法来解决，并且在这种情况下，通过压缩来减少数据量并不可行。此外，运用样本抽取技术或者研发并行与分布式算法，可使系统的可扩展性得到进一步的提升。

②处理高维数据。随着计算机和信息技术的发展，高维分析技术已成为现代数学研究中一个重要课题。高维数据是由数百个数据集组成的，这些数据集具有数量众多或数以千计的属性，如在生物信息学的领域中，涉及数以千计的基因表达数据，这些数据具有高维特征。由于高维数据包含更多信息，因此它比传统方法所需的时间要短得多。举个例子，在不同地域的温度测量数据中，特征数的增长与测量次数成正比，因此这些数据属于高维数据。对高维数据分析时，需要采用新的方法和工具来提高数据处理效率。一与此同时，低维数据的数据分析技术在处理高维数据方面存在一定的困难，此外随着特征数的增加，某些数据分析算法的计算复杂度也会提升。

③异种数据和复杂数据。随着社会和信息技术的不断发展，非传统数据类型的出现对处理异种属性的新技术提出了更高的要求，原因是传统的数据分析方法仅能处理包含相同类型属性的数据集。因此，对于复杂的非结构化信息来说，现有的数据处理方法已经不能满足需求。为了挖掘与整理数据之间存在的联系，数

据挖掘算法需要具备时间与空间的自相关性、图的连通性等能力。

④数据的所有权与分布。在多个机构的资源中分布着数据地理，因此需要开发一种分布式数据挖掘技术以应对这一挑战。分布式数据挖掘算法所面临的主要挑战在于怎样最大限度地减少执行分布式计算所需的通信成本和通信量，并确保从多个资源中获得的数据挖掘结果得到高效的统一。此外，还需要考虑数据所有权、权限等方面的问题，以确保数据的完整性和可靠性。

⑤非传统的分析。传统的数据处理与分析方式通常采用假设检验模式，即统计学方法，借助于设计实验收集的大量数据，对假设进行统计分析，以确定支持假设的条件与概率。当前，数据分析任务需要生成与评估大量的假设，因此人们期望可以自动生成与评估假设，同时自动推荐优化的结果。随着计算机软硬件水平的不断提高以及计算机技术的发展，使得人们可以利用计算机实现从原始数据到最终结论的自动处理与决策。数据挖掘所分析的数据集并不是经过精心设计的实验结果，是代表数据的时机性样本，而非随机样本，这些数据集通常与非传统的数据类型与数据分布有关。随着网络规模的增大、数据量的增多以及计算复杂度的增加，使基于统计模型的数据挖掘算法不再适用于大规模的数据处理问题，从而导致大量复杂的挖掘工作无法进行。对于一系列新兴的数据挖掘技术的研发与应用，迫切需要提出更高层次的要求。

数据挖掘虽然发展迅速，但是至今仍然处于发展的阶段，日益受到人们的关注，成为当前社会领域的一大热点，其研究重点也逐渐从方法研究转移到系统应用。以往，对数据挖掘的算法、过程等理论性研究，超前于实际的应用和普及。在目前信息技术、网络技术以及物联网、大数据等技术和概念迅猛发展的情况下，数据挖掘技术从理论到实践应用都应进行相应的升级和调整。在学术界，越来越多的关注点被放在了整合多种发现策略与技术，促进多学科之间相互渗透等方面，数据挖掘技术的研究热点及未来的发展趋势也随之而变，主要有以下5点：①对知识发现、数据挖掘语言进行形式化的描述；②在数据挖掘的过程中，需要探索一种可视化的方法，以便更好地呈现信息；③研究在网络环境下的数据挖掘技术；④加强对非结构化数据的挖掘；⑤知识的维护更新。

2．数据准备

数据准备是为数据挖掘创建目标数据集的过程。现实世界中的数据，可能存在4个方面的问题：①数据的不一致性。数据来自不同的数据源，有可能是文件、关系数据库等。数据可能存在着数据结构、数据标签的不一致，也会存在数据值的不一致（如各数据源所用数值所代表的意义不同，数据中含有噪声数据等）。②数据的不完整性。由于各种原因，数据可能存在着一些重要属性的值没有收集或填写完整，有所缺漏的现象，或者是现有数据中缺少数据分析处理所感兴趣的属性。有些数据可能只记录了聚合数据，而缺少原始的详细数据。这些都可能导致数据挖掘无法进行。③数据的海量性。数据可能是经过了经年累月的积累，且是在繁忙的业务活动状态下积累的海量的数据，以现有的技术条件和时间条件，或者从经济成本上考虑，都无法对全部数据进行处理（也没有这个必要），这样就需要选取有代表性的少量数据进行有效处理。④数据的隐蔽性。以数据的原始形式，有时很难观察到或通过数据挖掘得出感兴趣的模型或现象，必要时需要经过适当的转换，如对数据的维度或几何空间等进行变换或映射等处理。造成数据这些问题的原因非常复杂。可能是数据采集和存储系统造成的，或者来自不同信息化阶段所使用的系统造成的；可能是数据结构设计人员或者数据录入采集过程中的失误造成的；或者可能是数据传输过程造成的。

要使数据挖掘能够得出良好的预期结果，需要准备出高质量的数据作为输入，这要求输入数据是完整的、一致的、易于处理的、适宜运用数据挖掘算法的，还要求数据是具有代表性的或包含能够反映问题实质的特征数据。因此，在进行数据挖掘之前，要进行一系列的数据预处理，来改善数据的质量并提升数据的表现力，以利于提高数据挖掘的精度和性能。数据的预处理可以包括很多环节，如数据抽样、数据清理、数据集成、数据转换、数据规约等。数据的质量、表现形式和代表性对数据挖掘算法的选择、参数的选取和最终结果都起着决定性的作用，因而这一过程在整个数据挖掘项目中起着至关重要的作用。

（1）数据收集

数据收集是指对数据挖掘项目所涉及的或所需的数据进行甄别和认定，并进行汇聚的过程。这里所说的汇聚，可以是将数据进行收集和复制，存放在集中性设备所搭建的数据仓库中，也可以是对分布数据进行关联和连接，建立统一化的分布式数据集。数据的收集方式有很多种，数据的来源决定了进行数据收集应采用的方法和途径。一般来说，数据来源主要有三种。一是由政府部门所建立的电子政务等平台所收集和积累的数据，其中也包括政府部门为了完成某项政务活动而委托专业机构所完成的持续的或一次性的调查活动所收集的数据。如人口统计数据、地理数据、户籍普查数据等。在完成由政府部门委托的数据挖掘项目时，借助行政和法规的力量，相关数据的收集相对会容易一些。二是由企事业单位在自身的生产运营活动中产生和积累的数据，数据的质量会因其信息化的意识和程度不同而呈现较大的差异。这类数据包括电子商务业务数据、电信公司客户业务数据、银行业务数据、消费信贷历史数据、商业特征数据等。在完成以企事业单位数据为对象的数据挖掘项目时，往往需要其他有关联的数据的支撑和关联。如在为有线电视公司分析客户消费行为的时候，就需要从人口统计部门获取家庭和人口及其分布的数据来一同完成。三是专业从事数据调查的公司，长期或接受委托时进行数据的收集活动，形成的数据。

采取何种方式和途径来进行数据收集，由数据挖掘的目标来决定，也取决于数据的来源和经济方面的考虑。受委托的数据挖掘项目的数据的主要由委托方提供。但是，当需要的数据无法找到时，或者某些商业公司已经收集了所需的数据，这些数据可以从收集数据的公司那里购买得到。有时，从利益的角度出发，没有必要一定要购买其数据，这时，调查就可能成为收集所需数据的必要措施。

（2）数据抽样

通常原始数据的体量非常庞大，有的数据集记录了数年非常繁忙的业务明细，有的数据可能记录了全球各个地区各项业务的交易明细。进行数据挖掘处理时，为了满足处理过程的及时性和可操作性的要求，仅需使用其中有代表性的、能说明问题的数据进行计算处理，来得到预期的结果。抽样是选择数据对象子集进行分析的常用方法。在统计学中，也采用抽样的方法来选择调查对象和样本，或选取用于进行数据分析的样本。但两者的抽样的目的并不相同。统计学中进行抽样是因为获取感兴趣的整个数据样本集的资金成本和时间成本太高，而数据挖掘进行抽样是因为处理全部数据的资金成本和时间成本太高。进行数据抽样，可以大大地压缩数据量，在数据挖掘时就可以使用那些效果较好且运算开销较大的算法了。

如果抽样产生的样本是有代表性的，则使用抽样样本与使用整个数据集的效果几乎是一样的，称为“有效抽样”。而样本具有代表性的前提是，它近似成具有与原数据集相同的（感兴趣的）性质。如果数据对象的均值是我们感兴趣的性质，而抽样样本具有近似于原数据集的均值，则该抽样样本就是有代表性的。由于抽样是一个统计过程，特定样本的代表性是变化的，因此抽样方案就是尽可能选择那些具有代表性的且概率足够高的样本。

①抽样方法。

A. 简单随机抽样

简单随机抽样就是完全随机地从原始数据中抽取一定数量的样本。有两种抽样方式可供选择，一种是简单无放回抽样，另一种是简单有放回采样。简单随机抽样的优越之处在于高度随机化的特性，使其在具有高度均一性的总体中表现出非常高的总体代表性，可以说是最为简单的抽样技术。简单随机抽样的不足之处在于它无法利用潜在的抽样辅助信息来提取样本，存在一定的可能性导致统计效率低下，甚至会抽到一个质量较差的样本，从而影响样本的分布情况，无法很好地代表整体情况。

B. 系统抽样

系统抽样主要指的是对总体中的各个单元进行抽样，按照一定的顺序排列和编号，接着按照特定的规则抽样。在样本抽取中，等距离抽样是最常用的方法，也就是按照总体单位数与样本单位精准计算出抽样间隔，然后按照相同的距离或者间隔进行抽样。系统抽样的优点是不仅具有操作的简便性，而且能够提供统计推断功能，是现如今运用最为广泛的抽样方法。相较于简单随机抽样，样本的分布呈现出更为优越的状态。系统抽样的不足之处在于，其采样间隔可能会受到总体中某种未知的周期性影响，从而导致样本的代表性不尽如人意。若未运用潜在的样本框架以辅助信息抽取样本，则可能导致统计效率低下。

C. 分层抽样

分层抽样指的是对调查总体进行抽样，将其划分为同质、互不交叉的不同层次或类型，然后在每个层次或类型中独立提取样本。如在调查零售店销售数据的时候，根据库存额或者销售规模的大小进行分层，然后在每一层中采用简单随机方法，从大型零售店、中型零售店和小型零售店中随机抽取若干个样本；抽取农村人口数据的时候，按农民家庭人数和人均纯收入分成不同层次，然后分别从各个不同的层面进行随机取样；抽取城市数据的时候，将城市按照其总人口或者工业生产总值进行分类，把城市划分为超大型、中型、小型等类型，并进一步筛选出若干具体的城市类型。

分层抽样的优越之处在于，它适用于存在较大异质性的层间情况，每一层内的个体都具有同质性的总体，从而提高了总体估计的准确性。此外，在样本量相同的情况下，分层抽样的精度要高于简单抽样和系统抽样，确保“层”所代表的概念具有代表性，以避免出现“差”的样本情况，同时对各层中的数据进行较精确的统计分析。针对不同的情况，可以采用多种不同的抽样方案和框架，以确保样本的多样性和准确性。分层抽样的不足之处在于需要获取高品质、适用于分层的辅助信息。在对数据处理时可能会出现错误或不恰当的修改样本。由于需要额外的信息支持，因此构建抽样框所需的成本和复杂程度都更高，同时抽样误差的估计也比简单抽样与系统抽样更加烦琐。分层抽样可以细分为等比例抽样和不等比例抽样。等比例抽样根据各个分层的样本数量，按一个固定的比例进行抽取，以保证后续的处理结果不受代表性样本数量的影响；不等比例抽样则没有各层抽样数量的限制，便于设计不同的抽样方法，采用不同的抽样框来抽取最具代表性的数据。

D. 整群抽样

整群抽样是首先对调查总体进行分组，然后从中筛选出合适的群体，并且全面调查所有被选中的群体单元。以入户调查为例，采用地块或居委会作为第一抽样单位，对具有地域边界的群体进行逐户抽样，如果没有规定地域界限的人群，则可以根据需要选取一定数量的人口样本作为第二抽样单位。整群抽样的优越之处在于它适用于群体之间差异微小、群体内部个体差异显著，并且能够根据外观、地域等因素对群体进行科学划分和分类。整群抽样的缺点在于群内单位的趋同性，导致其精度相较于简单抽样有所下降。

②数据挖掘的抽样策略。

这里所说的对数据的抽样，与统计学中所说的抽样是不同的两个概念。后者是由于对所有样本进行统计以获取全部数据的时间和资金成本非常大，因此采取抽样的方法获取足够支持统计学原理的数据；前者则是因为处理全部数据将耗费大量的时间和资金（尤其是现在的大数据时代），甚至一些计算机的配置和数据挖掘的算法无法支持海量数据的处理。

进行抽样时，应使抽取出的数据具有代表性，能够体现原有数据集的特征。当无法确定抽样样本的数量的时候，可以先从一个小的抽样开始，再慢慢加大抽样率或抽样尺寸，同时对抽样的样本进行评估，确定其是否能满足后续处理的要求。这种抽样方法被称为“渐进抽样”（也称“自适应抽样”）的抽样策略。评估的方法可以是应用数据挖掘的算法对所抽取的样本进行处理，并对处理结果进行评估，如果处理结果能够达到预期的标准，则可以确定已经抽取了足够的样本。如在通过机器学习来建立分类模型时，就可以采用渐进抽样的方法来选取训练数据。通常预测模型的准确率会随着样本数量的增加而提高。随着样本数量增加到某一点后，预测模型的准确率就不再会明显增加而趋于稳定，则可确定已经抽取了足够的样本，不必再增加样本容量了。

（3）数据集成

数据集成是将来自不同性质、来源的数据，在逻辑和物理上进行有机整合，以提供统一的数据访问服务与支持，从而实现应用的无缝集成。数据集成是一个在信息化建设和数据服务领域普遍存在的问题。如企业在整合、购并和协作发展过程中，企业管理信息系统的系统集成、应用集成和业务集成等活动的基础就是按照一定的要求完成数据的集成。其中涉及数据的统一和标准化、规范化、完整性和一致性的处理。如世界经济全球化和业务国际化的趋势，也提出了将企业所涉及的各经济和业务区域的数据综合处理，提供企业的业务决策支持，更好地把握关键性的业务挑战的要求。多种业务体系的数据同步和融合，更是对数据集成提出了实时性、可靠性和准确性的要求，其中所涉及的网络的连通性、传输效率、数据接口、数据格式等具体问题，也成为数据集成中需要考虑和解决的问题。现在炙手可热的云存储、云计算技术，也要面对数据集成的问题。

数据挖掘也同样存在数据集成的需求。数据挖掘对数据的一致性、完整性有较高的要求，当面对企业开展数据挖掘项目的时候，首先也会遇到数据集成的问题。数据集成所面临的问题主要体现在以下四个方面。一是异构性。异构问题包括系统异构、数据模式异构和数据异构三个方面的问题。系统异构指数据源可能是由不同的系统（如不同的网络系统、不同的操作系统）所构建的数据系统提供的；数据模式异构是指数据的组织模式不同，可能以常见的关系型数据模式来组织，也可能以层次结构、网状结构或文本的模式来组织；数据异构则是指不同的数据存在着数据定义和描述语法、语义和数据的表达形式等差异。这些差异，可能是由数据源系统分别独立开发所导致，也可能是由于系统的升级改造所遗留，还可能是所集成的数据源的广泛性而导致的必然。这需要对所集成的数据进行一系列的、反复的整合、融合、归并等才能完成。二是分布性。进行数据集成所使用的数据源大多是异地分布的，集成过程的完成或集成系统的运行依赖于网络数据传输，这就要考虑和解决网络数据传输的准确性、便利性、实时性、稳定性和安全性等功能和性能上的问题。云存储和云服务的产品化和商业化应用在一定程度上化解了这方面的问题。三是自治性。数据集成所涉及的各个数据源的管理系统有很强的内聚性和自治性，而数据集成系统与数据源系统之间的耦合性关系往往是一个较为松散的状态。数据源的管理系统会自行根据需要，对其数据的结构、内容和关联关系进行调整，而不会主动通知数据集成系统，这也给数据集成系统的鲁棒性提出了挑战。四是完整性。以数据挖掘为目的的数据集成，是要将更为全面、更为广泛、更能够体现问题本质和深度的数据进行汇聚，以期能够从中发现更感兴趣、更具价值的内容。如将采购、生产、销售、存储、财务数据集成，来挖掘支持企业定位和发展方向决策的发现。但通常各分系统极少会考虑与其他系统数据进行整合时所需的定义或提供相应接口，使得在进行数据集成时，即便将数据都放在了一起，也因缺乏能够将数据进行融合的必要关联，而造成数据完整性的缺陷以及数据约束的不完整。

随着数据应用的不断发展，目前已经形成很多较为成熟的数据集成的方法和应用框架，用于数据集成领域来构建数据集成系统。数据集成的方法总体上有两类，一类是将数据通过复制和聚集的方法，物理上汇聚在一起，如数据仓库方法，这种方法需要完成大量的数据复制和整理的工作，且由于不能随时随地进行，数据的时效性会有一定的欠缺，无法对实时性的业务决策提供数据支持；另一类则是利用数据虚拟化的概念，从逻辑上虚拟地将数据集成在一起，如数据联邦的方法，通过数据视图所看到的数据，是按照一定的规则从各数据源实时获得并呈现出来的，但这需要高性能的网络数据通信的支持。还有就是将这两类数据集成的方法结合应用，在数据集成服务器上生成和保存必要的数据以对所集成的数据源进行定义、组织和构建，完成必要的数据整合，为数据应用提供接口和服务，如中间件技术。

数据联邦也称“数据联合”，是一种基于数据查询操作，从不同的数据源完成数据汇集，并构成一个虚拟化的数据库的数据集成方法。用数据联邦技术建立的这个虚拟数据库本身并不保存数据，仅保存实际数据及其位置的信息或元数据，真正的数据仍存放在源数据仓库中。实际上数据联邦提供了一种基于应用视角的、虚拟化的数据集成视图和抽象的数据接口。这种视图屏蔽了构成整体数据的多数据源的物理位置、数据结构和保存方式。数据联邦技术不会物理上移动数据，而是在数据的物理实现上提供一个抽象层。

数据联邦允许同时针对多数据源（关系数据库、企业应用程序、数据仓库、文档等）执行分布式的查询，因此它能够实时地完成各种基于数据的商业智能、报表或分析应用等操作和处理。用数据联邦的方法可以将多个数据源联合为一个联邦数据库系统（FDBS），它是一种半自治数据库系统结构，联邦成员之间相互提供数据共享的接口，以促进数据的互通和共享。联邦数据库系统中的每个对象都有一个独立的属性和函数值，这些属性与函数值相联系。联邦数据库系统的成员数据库既能采用集中或者分散的方式，也能采用其他联邦数据库系统。这种“联邦”关系可以被视为一种紧密耦合的关系，它提供了一种统一的访问模式，通常情况下结构是非动态的，因此增加新的数据源相对困难，同时也可能存在松散的耦合关系，缺乏统一的接口，主要通过一种通用的语言来访问数据源，但是需要完美解决所有数据源在语义方面存在的问题。

数据联邦的优点包括以下四点。一是应用方便。数据联邦通过统一的联邦视图提供数据，为数据应用提供了一种比较简便的集成化的解决方法，在不需要转移数据的情况下，可以组织和存取来自多数据源的数据，提供一套一体化的数据系统。数据应用人员无需对复杂数据源系统和数据结构有过多了解，使得实施与开发流程得到最大程度的简化。二是数据实时性好。数据联邦运行时只通过查询存取所需的数据，节省了本地的存储开销和网络开销，数据应用即时操作，实现实时数据存取，因此适用于要求数据实时访问的应用；因为数据联邦能够提供统一的联邦视图来获取数据，所以其数据可以是结构化的，也可以是非结构化的。由于数据集成技术中采用批量任务或数据仓库技术（以下简称 ETL）的方式，创建数据集市与数据仓库的实时性不尽如人意，所以数据联邦技术在许多应用场景中得到广泛采用，以替代现有的方法。三是开发速度快，灵活性强。对实时性有比较高要求的应用，数据联邦允许应用程序直接访问数据，无需烦琐的数据架构调整，从而提高了数据访问的效率。企业随着业务发展，需要不断改进数据模型，数据联邦不实际保有数据，可以很快地适应这样的变化，而且它还支持增量开发，加快了开发步伐。数据联邦在数据不断变化的环境中，是一种高度灵活与可扩展的解决方案，能够有效应对数据变化的挑战。四是具有高度的安全性。对数据安全性有较高要求的企业而言，在禁止数据复制与备份的情况下，采用数据联邦是一种不错的解决方案。

数据联邦的缺点包括以下三点。一是性能较低。数据查询的反应较慢，当数据的结果集非常大时，性能会进一步降低，不适合频繁查询，以免出现争用和资源冲突等问题。在集成场景中，若存在复杂的数据转换，将会对系统的响应时间产生负面影响，从而降低系统的响应效率。针对该问题，提出一种基于分布式存储和多线程技术的方法，在保证实时性的基础上，减少了数据转换次数。因为数据的访问是通过联邦视图实现的，所以虽然实时加载数据规则并进行数据验证，可以提高数据的可靠性和准确性，但仍无法彻底解决数据质量和性能的问题。二是该系统的可用性表现不尽如人意。对可用性有较高要求的应用程序而言，因为数据联邦依赖于多个数据源，所以数据源的高可用性就某种程度来说是数据联邦技术所无法确保的，只要源数据脱离连接状态，联邦继承场景中的数据将失去其有效性。三是服务器的实际负担相当沉重。联邦服务器和联邦数据服务器之间需要一个共享存储结构，以减少客户端访问时产生的数据量，提高系统性能。就本质而言，真实数据源服务器的负荷将会出现一定程度的上升，如果没有有效的方法来降低源服务器的负载，则可能造成整个系统性能下降。联邦视图将被联邦服务器分解成多个子操作，这些子操作的复杂度与源服务器的负载成正比关系。此外，数据联邦的数据来源于对原始数据源的实时查询，因此数据只包括来自数据的内容，而不像其他数据集成所形成的数据系统，可以加入中间生成的结果。

总的来说，数据联邦技术在应用上有如下几点限制：为了确保数据源的简洁性和有限性，数据结果集的规模应当控制在可接受的范围内，数据访问的可读性也应该得到保障，同时对数据质量的要求也应该尽可能地简化。许多具备数据与应用特征的企业先后采用该技术，原因是相较于其他数据集成技术，它使数据获取的便捷性与实时性得到显著的提升。但另一方面，它所存在的缺点也制约了它的通用性，如在关键的核心业务系统其应用较少。实施数据联邦时，需要考虑以下问题：数据的安全性、延迟时间等。目前，已经有多家软件公司，结合企业业务和数据应用的要求，以及上面所提到的对数据联邦构建的要求，开发出了多款企业级的数据集成工具。

数据仓库有广义和狭义之分，前者是一种高度结构化的数据组织和处理体系，把分散和异质的原始数据有机结合，实现了多种功能，如数据存取、数据查询等。后者是一种以主题为导向、集成在一起，内容相对稳定持久，与时间相关的数据集合，为经营管理中的决策制定过程提供数据支持。

数据仓库将多种异构的数据源，通过数据仓库技术（以下简称 ETL）汇聚在一个数据管理系统中，构成数据仓库。数据仓库以数据库管理系统为框架，其中管理和存放了来自多个异构数据源的原始数据，也会根据数据应用的需求，对数据进行轻运算和轻汇集（虽然会造成数据冗余等违背数据库设计范式的现象，但也为提高数据访问的性能和便利提供了可能）。数据仓库面向报表、即席查询、数据分析和数据挖掘等商业智能化方面的数据应用，衍生出与之相对应的业务模型及支撑数据。

数据仓库是一种面向主题并为企业提供数据挖掘和决策支持的系统，从另一角度将数据共享表达出来，旨在针对企业在某一个应用领域，专门提出的数据集成方法之一。实现数据仓库的现实问题有很多，包括如何实现数据仓库的元数据的高效管理，如何保持数据仓库的精确和简练而又能够保证数据的质量等。

中间件模式借助于整合全局数据模型，实现对异构数据库、遗留系统等的高效访问。中间件是一种基于分布式处理技术和网络环境下的新型软件体系结构，具有良好的扩展性、可伸缩性以及跨平台特性，已成为当前软件开发中重要的研究方向之一。位于异构数据源系统与应用程序之间的中间件，具有向下协调各数据源系统、向上为访问集成数据的应用提供统一数据模式、数据访问的通用接口能力，能够实现不同来源、格式的数据的转换和包装，将各种异构数据源有机地相集成，从而为用户提供统一的高层访问服务。中间件是解决分布式环境下数据共享问题的有效方法之一，各个数据源的应用仍在完成其各自的任务，但中间件主要致力于为异构数据源提供一种高层次的检索服务。

在此模式下，无论是数据的发布还是集成，均发生于中间层，通过数据的加工和整合，并借助于中间层的标准接口把整合后的数据，以标准接口发布。如在中间件层专门设置虚拟的数据服务层，通过与数据层的各种数据源的连接，把数据源中的各种数据，以实体的方式成功映射为中间件的虚拟数据层的表，需要注意的是它只包含数据集成系统的元数据，并不存储实际的数据。这样就减少了数据库操作对底层物理结构的依赖程度，使整个数据库系统变得更加简洁高效。中间件模式是一种广泛采用的数据整合方式，通过在中间层提供的统一数据逻辑视图，以隐藏底层数据的细节，从而使用户能够将集成数据源视为一个整体。在这种模型中，一个至关重要的问题是怎样构建一个逻辑视图，以便将不同的数据源映射到这个中间层，从而实现数据的高效传输。

实现数据集成的关键在于解决数据异构性、完整性等问题，这需要中间件技术的巧妙运用。在分布式应用与异构数据集成领域，中间件集成模式的优越之处在于其可以充分满足大量应用的不同需求，从而提供了一种高效的解决方案；可适用于多种硬件与操作系统的平台；提供具有透明性的应用或服务交互，支持分布式计算，跨越多个网络、硬件和操作系统平台；具备对标准协议和接口的兼容性。因为中间件定义的标准接口在可移植性与标准协议互操作性方面具有显著的优势，所以在很多标准化工作中扮演着不可或缺的角色。在数据集成系统中，利用中间件可以为数据应用提供一个相对稳定的环境，不管底层的数据源或数据结构及语义进行了怎样的调整，只需对中间件进行升级更新，同时保持中间件对外接口的定义不变，即可实现更高级的功能，也不会对数据应用产生影响，从而保护了企业在应用软件开发和维护上的利益。

（4）数据清理

数据清理，也称为“数据清洗”，是指发现并纠正数据文件中可识别的错误的过程。

①数据问题。

数据的采集方式多种多样，包括不同形式、异构以及非结构化的数据源，所以一定会出现错误数据或者数据之间的矛盾冲突，通常情况下将其称为“脏数据”。引起脏数据的主要原因有数据源的平台不同、数据来自不同的历史阶段、滥用缩写词或惯用语、数据输入错误、重复记录、存在丢失值、拼写变化、不同的计量单位和过时的编码等。对“脏数据”进行彻底清理，以符合一定的规范和标准，就是所谓的数据净化。

数据清洗的职责在于对不符合规定的数据进行筛选，根据领域和业务相关的专业知识，对这些数据进行相应的处理。不符合要求的数据主要包括残缺数据、错误数据等。残缺数据主要指部分应有的、关键的数据信息缺失。例如，商业运营数据中，分公司名称或客户区域信息残缺，或者业务系统中主表与明细表不能匹配等，都会对业务统计分析造成困难或带来偏差。处理时应对数据进行筛选，记录残缺内容，提交给数据挖掘项目的客户，在指定时间内补全，并写入数据集。错误数据产生的原因，一方面是业务系统不够健全，缺乏对输入的判断和检验机制而直接写入数据库；另一方面是采集或输入错误。前者的错误，如数值输入成了全角数字字符、字符串数据后面有多余的空格或回车符、日期格式不正确等；后者的错误，例如将分数录入为负值或超出100的数值等。处理时，对于全角字符、数据中有不可见字符的问题，可通过结构化查询语言（SQL）的数据库操作进行甄别，由客户在业务系统修正之后抽取；日期数据格式错误或越界问题会导致数据仓库技术（以下简称ETL）运行失败（失效），这类错误则需由业务部门在业务系统数据库中修正后再次抽取。重复数据产生的原因，一方面是数据系统重复采集了同一数据；另一方面的原因是数据组织机制不够完善，缺乏对重复产生的数据的区分。前者如某一业务数据因复制、分享、备份等操作而多处存放，数据采集时也被多次抽取；后者例如数据库的主键设置不完善，无法区分重复产生的数据（如无序号或时间戳等字段）。其一般处理方法可以是删除重复项，或进行合并处理并添加“次数”字段来进行频次记录。异议数据，数据定义的语义差异，使数值所表达的意义有所偏差，并会造成数据处理结果的含义和解释的不同。将总分不同的测试成绩不经处理就进行合并，或者将表述学生对课程焦虑程度的由李克特量表衡量的“老师要纠正我错误时很害怕”问题和“去上课的路上感到很轻松”问题简单合并处理等。

②清洗方法。

数据清洗是在用户确认的前提下，运用每个过滤规则认真进行验证、过滤和修正，而不只是要将有用的数据滤除。不同状况和不同性质的数据问题，所采取的清洗方法也有所不同。

A．一致性检查

一致性检查主要是通过对每个变量的合理取值范围以相互关系的全面检查，以检查和发现数据是否符合要求，包括超出正常范围、相互矛盾的数据。在实际工作中，对异常结果的处理也要进行一致性检验，否则就会导致错误结论或决策。由于异常值本身不影响检验结果，因而在实际应用中不需做任何处理，即可直接判定该变量属于哪个级别或等级。如在使用 1～5 级量表测量的时候，若发现变量出现了 0 值或体重出现了负数，则应视为超出了正常值域的范围。社会科学统计软件包（以下简称 SPSS）、统计分析系统（以下简称 SAS）和 Excel 等软件工具均可根据所规定的取值范围，自动检测每个超出范围的变量值，实现智能化的数据处理。

数据存在着逻辑上的不一致性，同时也可能呈现出多种不同的形态。例如，有一些人驾驶自己的汽车前往工作场所，但却声称自己没有汽车；一些人说自己喜欢某个品牌或是品牌的使用者，但是在熟悉程度量表上却给予了相当低的评价。在发现任何不一致的情况时，应当详细记录问卷的编号、记录编号等信息，以便核对与修正。从同一数据源或多数据源集成的数据可能有语义冲突，可通过分析数据间的关联关系检测数据不一致性；通过定义完整性约束使得数据保持一致。

B．消除重复项

消除重复项的根本方法在于将其合并和清除。若数据库中记录的属性值相同，则视为重复记录。为了检测这些记录是否为重复项，需要判断记录之间的属性值是否相等，可将相同的记录进行合并或消除，必要时可以添加计数变量对相同数据项出现的频次进行记录，用于后续的加权处理。

C．填补缺失值

数据存在的缺失值，可以通过从本数据源或其他数据源推导出一个估算值，并补齐的方法来处理。实际应用中，可根据数据的不同特性和要求，选择适当的估值推算方法。平滑估算是较为简单的估算方法，即用该变量的全部或部分样本的均值、中位数或众数填补缺失值。虽然这种方法相对简单，但没有全面考虑数据样本中所提供的信息，最终可能导致较大误差的出现。通过对调查对象对其他问题答案的相关分析或逻辑推论，以推断变量之间的关系，这就是逻辑推演。这种推断方法通常用于经济活动中，用以预测未来结果的发生和发展。回归预测以有缺失值的变量为因变量，与之有一定关联的连续变量为自变量，建立回归方程，计算缺失值的回归预测值，再加上一个期望值为0的回归残差，以更接近实际情况，据此对缺失值进行填补。当数据缺失比较少、缺失机制比较明确时可以选用这种方法。概率估计是按照变量值的概率密度产生随机数，来估计缺失值并进行填补。

D. 消除缺失项

在某些情况下，不宜再进行缺失值填补（如某一变量的缺失值较多或某一样本的缺失值较多），则可以删除缺失值所在的变量或样本，以消除缺失项，整例删除是剔除含有缺失值的样本。假如样本中存在大量的缺失信息，这种方法可能会导致有效样本量的显著减少，从而无法利用已收集到的数据。在处理这类问题时，通常采用整例删除的办法来解决这个难题，但它需要花费大量时间和精力对所获得的数据进行筛选与分类。因此，仅当样本中关键变量缺失或存在无效值或缺失值时，整例删除方法才适用。当某一变量的无效值和缺失值较多，且该变量在所研究的问题中并不具有显著意义时，可以考虑对其进行删除操作，将这种方法称为变量删除。这种推断方法通常用于经济活动中，用以预测未来结果的发生和发展。这一方法有效地减少了可用于分析的变量数量，但并未对样本量产生任何影响。成对删指对于两两配对的变量，如果某样本中其中一个变量数据缺失，则在对该配对变量进行数据统计时应删除含有缺失值的数据，而在进行其他变量数据统计时则不做处理。处理时可采用保守的处理方法，将缺失值用特殊值进行标注，并不真正删除，数据统计时区分处理即可，这样可以最大限度地保留数据样本中的可用信息。

E. 处理错误值

数据错误值按其性质可以是无效值、异常值、噪声值等。无效值可能是由于系统采集了非有效输入（如输入成绩时误输入了100以上的值，输入性别时误输入了非男、非女值），这可以按照缺失值来进行处理；无效值也可能是数据类型不匹配导致无法进行统计计算（如用字符串记录考试成绩），这需要通过数据库操作来解决。异常值的判定有多种方法，如偏差分析、聚类分析等，也可用规则库（常识性规则、业务规则等）来检查判定，或使用不同属性间的约束、外部的数据来检测和清理数据。

（5）数据归约

实际挖掘应用所涉及的数据，其数据量往往非常庞大。对海量数据进行较为复杂的数据分析和挖掘工作，需要满足以下条件：一是数据挖掘算法能够支持海量的高维的数据处理；二是计算机硬件设备，例如内存配置，能够满足算法处理大量数据的要求；三是处理时间不受限制。如果不能满足上述条件，则需要对数据的规模进行缩减，以满足处理要求，这称为数据规约。较为常用的数据规约方法有维规约、数据压缩、数值规约、离散化和概念分层以及数据变换等。

①维规约。

数据集体量庞大首先体现在其属性的数量上，有的数据集包含数以百计的属性，而其中有很大一部分与特定的数据挖掘任务并不相关，相对来说是冗余属性。如在对零售企业获取的顾客信息数据集进行分析时，顾客的电话号码与购买意向、接受营销影响等方面的分析就没有关联。因此，可以通过只选择与数据挖掘目标相关的那些属性的数据，来完成数据挖掘工作。维规约就是通过删除不相关的属性（或维）以减少数据集的复杂度和数据量。实际上，在高维度数据中，信息通常以一个或多个低维度结构的形式存在，所以维规约技术作为一种重要的方法，用于高效处理这些数据。

高维数据经过维规约技术处理后，可以带来以下四项好处。一是通过维规约删除不相关的特征（降低维度）后，可使数据挖掘算法取得更好的效果。二是解决了“维灾难”问题。随着数据维度的不断扩大，数据分析的复杂度也随之增加，这就是所谓的“维灾难”。维度的增加，使数据空间中的有效数据变得稀疏，导致在分类分析中没有足够的数据对象来创建模型，可能导致错误的分类结果；使聚类分析中的邻近度的定义变得复杂而难以定义和解释。从数据挖掘实践中可以得出，高维度数据的挖掘分析，会使分类的准确率降低，聚类的质量下降，而其他数据分析算法也会遭遇不同的问题。三是使模型更容易理解。只涉及较少的变量或属性时，能够对数据模型进行更有效的评估、更清晰的解释，并使其易于理解。四是更易于实现数据的可视化。即使无法将数据维度降为二维或三维的可视维度，但仍可以通过组合二元或三元可观察属性达到可视化，而这种组合的数目也大大减少了。

维规约技术，从形式上主要可以分为两类：一类是，特征子集选择，可以基于条件信息熵来进行选择；另一类是维变换，主要有主成分分析（PCA）、独立成分分析（ICA）等方法。降低维度的一种有效方法就是从整个数据集中选取一个子集来进行处理，而该子集具有原始数据集的特征，称为“特征子集”。选择特征子集看起来可能会丢失一部分信息，但也不尽然。如当原始数据集中存在冗余数据（商品的销售价格和所支付的税额就包含相同的信息）或者包含一定的非相关特征时（学生信息表中的学号ID，就是与学生成绩信息的统计和计算不相关的特征）就不会造成信息的丢失。而且，冗余和不相关的特征可能会降低分类处理的准确率，影响所发现的聚类的质量。也正是因为如此，在数据挖掘的时候，选择具有特定特征的子集进行处理，是一种有效的数据规约方法，可以显著提高数据挖掘的效果。

尽管有时根据常识或者行业领域的知识就能够消除冗余的或不相关的属性，但还是要使用系统的方法，来保证能够选择出最佳的特征子集。特征选择大体上可以看作是一个搜索过程，搜索空间中的每一个状态都可以看成是一个可能特征子集。搜索时可以遵循完全搜索、启发式搜索和随机搜索的原则，使用广度优先搜索、分支定界搜索、最优优先搜索、遗传算法和决策树等常用算法，探索各个特征子集，完成最优特征子集的确定。降维处理时，可将数据的局部抽取出来，而该局部数据具有显著的特征性，可以用来代表和表征原始数据的特征。如在人脸识别（个体识别、表情识别等）处理时，就会采用局部特征分析的方法，将人脸图像旋转和标准化（归一化）处理后，选取具有代表性的眼睛、鼻子和嘴部的图像进行识别或甄别。在进行局部特征分析和数据抽取时，关键点在于如何确定数据中有代表性的特征数据或属性，并且以最少的特征数据或属性来表征元数据的特征。特征创建是指根据原始数据中的部分属性，进行运算和综合，创建出新的能够代表、表征和代替这些属性的新的特征。特征创建可以通过将数据映射到不同的空间，并在新的空间中发现和揭示更多有趣和重要的特征来实现的。

②离散化和概念分层。

原始数据记录了翔实而细致的数据，但数据量过于庞大，不利于挖掘分析。在挖掘分析的过程中，往往并不需要数据的所有细节。通过离散化或概念分层处理，可以有效地减少属性或属性值的个数，便于高效地完成挖掘任务，也能使结果知识的表达更简洁、更易于理解、更易使用。离散化产生了概念分层结构，使得可以在不同抽象层进行挖掘。同时，有些算法所需要的离散属性或者是二元属性，也可以通过离散化来生成。离散划分为监督的和非监督的离散化。其差别在于在离散化的算法中是否使用到分类信息。

（二）大数据对国际贸易的影响

1. 积极影响

（1）提供新媒介

在传统的国际贸易中，信息的传递主要依赖于人工操作，然而这种方式的效率较低，对于国际贸易的进一步发展带来了不利影响。随着信息技术的不断发展，大数据已逐渐成为推动国际贸易改革和创新的重要工具。大数据具有海量性，实时性等特点，能够帮助贸易主体进行高效管理与分析，实现对市场变化的及时掌握，从而提高国际贸易活动的效率。国际贸易利用大数据技术，其主体得以实时掌握各个贸易主体的运营状况，从而及时调整和优化自身的发展策略，从而进一步提升自身的竞争力。大数据技术能够帮助贸易主体对其及时更新，促进国际贸易往来与合作的顺利进行，并使整个国家经济实现可持续健康的发展。大数据为国际贸易主体提供了发展机遇，促进了企业自身价值的提升，同时也推动了各个贸易主体之间的高效互动和交流。

（2）改变贸易格局

在国际经济体系中，传统的区域化国际贸易模式，以强大的实力、资源等方面的显著优势占据主导地位。随着互联网技术的不断成熟，国际贸易中的信息传递方式逐渐发生改变，实现了智能化、信息化管理，为国际经济数字化、一体化带来新的机遇和挑战。各大企业近年来虽然都在推动和促进国际化进程，但总体而言成效并未达到预期目标。大数据时代的到来为全球经济贸易带来了新的契机。借助于对大数据的灵活运用，不断深入分析市场的不同需求，实现资源的重新配置，从而促进全球经济贸易格局的优化。

（3）完善贸易内容

在研究传统国际贸易活动时，经常将商品贸易、流动要素和服务贸易三个方面视为同一层次。随着全球化进程不断加快，各国之间的竞争日益激烈，为了更好地应对这一挑战，各企业开始积极寻求新的发展模式，其中就包括国际化经营战略。随着大数据时代的到来，数字与信息贸易对信息流通的重要性日益凸显，由此衍生出的各种数字化信息和数字贸易，可以为企业提供更深入的供应关系和市场环境分析，只有充分利用大数据，对以上信息进行深入分析，企业才能更好地预测市场趋势，实现产业化发展。

（4）促进形式日益多样化

在传统的国际贸易中，实体贸易占据主导地位，大多数的时候需要双方在达成交易协议之前进行充分的沟通和协商。实际上，在特定场所进行面对面的协商，实际上会增加国际贸易的风险和成本。随着信息技术不断发展，人们已经进入了信息化时代，互联网技术的运用给贸易活动的开展提供了快乐。随着大数据的兴起，传统的国际贸易模式发生了翻天覆地的变化，它不再受限于时空的限制和局限，同时电子化货币逐渐成为主要的交易货币，从而使国际贸易的便利性和便捷性得到较大幅度的提升和发展。

2．消极影响

（1）增加国际贸易风险

大数据虽然有许多优点，但也有一些潜在的风险。大数据作为一种信息技术载体，具有信息传输和分析的能力，由于网络的开放性，信息传输过程中存在着非常高的信息窃取风险，一旦信息被泄露，企业可能会遭受难以预料的损失，这是一种无法承受的风险。

（2）暴露资源短缺问题

为了充分发挥大数据在国际贸易中的作用，必须依靠专业人员与技术支持，这是不可或缺的。随着新兴技术与事物的不断涌现，传统外贸企业在人员储备以及数据资源建设等方面，可能和实际需求存在一定程度的脱节，因此一些规模与实力较小的外贸企业轻率地采用以大数据为支撑的数字化系统，可能会带来潜在的风险。

（3）加大信用问题

大数据的优越之处在于推动了国际贸易主体间的实时交流，通过对数据的合理利用与深入分析，为贸易主体提供了科学决策的便利性，同时也实现了成本的有效节约。随着电子商务平台的不断普及，消费者可以选择更多的途径来交易，这就使得消费者与企业之间的信任关系更加密切。目前，我国很多外贸企业都已经开始了大数据的应用探索工作，然而在当今大数据时代，商品的真实性和品质难以辨别，仅依靠网络进行质量判断是不精准的。在网络环境下，信用问题的出现非常容易对国际贸易的进展造成阻碍。

3. 发展策略

（1）提升对大数据应用的重视度

随着互联网技术的快速进步，网络成为人们获取商品信息的主要渠道之一。与此同时，大数据的涌现为国际贸易的蓬勃发展，带来了前所未有的机遇与挑战。企业作为国际贸易主体，需要充分认识到大数据在国际贸易行业中的不可或缺性，必须将大数据技术有机地融入企业内部，以适应当前国际贸易行业的实际需求。

首先，考虑企业的实际情况，需要将大数据技术融入其中，以促进各类贸易主体之间的相互交流，并促进经济贸易结构的分析与转型。其次，应当加大内部员工的培训力度，全面提高他们对大数据的认知水平和应用技能。最后，为了尽量避免在大数据应用过程中出现信息泄露等风险，需要建立一个风险控制平台，以确保国际贸易的顺利发展。

（2）推动经济贸易结构升级

随着我国经济水平不断提高，大数据技术得到了快速的普及与应用，对国际贸易的发展产生了重要影响。在国际贸易期间涉及报价、订购等环节。企业所面临的挑战十分复杂，每一个环节的问题都可能导致企业遭受损失，为了能够更好地完成贸易工作，需要借助电子商务进行贸易活动，实现贸易与电子商务相结合。利用大数据技术，传统的线下沟通等问题得以在线平台上实现，从而实现了订货、发货和收获的无缝衔接，提升了国际贸易的效率。

以共享平台为例，在企业内部建立信息共享平台的时候，平台提供线上交易方案，使得相关主体能够全面了解产品的各种相关信息，并在此基础上，有关人员可以在平台中下单，所有操作均在大数据平台的支持下完成。通过这种方式，企业就可以掌握更多关于用户行为以及市场变化的情况，进而根据这些数据制定出更加合理的营销策略，以更好地适应当前的经济发展形势。大数据的应用不仅限于此，而且可以深入分析客户的浏览信息，了解客户对产品的偏好与需求，并在此基础上进一步优化和完善产品的设计，从而最终实现企业结构化的升级。

（3）开拓国际经贸市场

首先，随着网络技术的迅猛发展，国际贸易方式已经发生了翻天覆地的变化，传统的面对面交易方式正在逐步向网络化交易方式转变。企业在当今大数据时代，需要全面认识和了解大数据的不可或缺性，有针对性地构建适应国际贸易主体发展现状的大数据发展模式与框架，以最快的速度占领国际市场的资源，并不断升级和优化内部产业结构。

其次，随着网络化贸易的不断发展，交易安全问题也日益凸显。企业在此种情形下必须确立网络贸易的基本准则，以规范自身发展，从而确保国际贸易的稳定性发展。企业应当积极应对当前国际贸易市场上出现的新变化，不断提升自身的核心竞争力，这样才可以促进自身更好地适应国际社会的需求和发展趋势。此外，为更好地促进外贸企业的持续健康发展，政府应当提供必要的政策支持，如公开分享各地区的经济政策和相关信息，以帮助企业在发展过程中更加有效地控制风险。

最后，为促进国际经贸市场的拓展，必须建立有效的监管机制。在企业内部建立以大数据为基础的安全防御机制，以确保整个企业的发展安全。完善企业的监管机制，包括对经营者进行监督以及加强对企业的信息披露制度建设等方面。同时，为了促进企业的发展，国家应当制定相应的政策和法规，以提供必要的支持和帮助。

（4）创新财务管理

电子商务平台不断壮大，使国际贸易活动中所涉及的环节更加便捷，同时也给企业带来更多的机遇与挑战。在国际贸易中，财务管理是一项至关重要的任务和组成部分，它直接关系企业的运营和发展。传统的财务管理注重核算，随着新时代的到来，财务管理已扩展至多项活动，如预算、分析等，其质量对国际贸易主体的健康发展产生直接的影响。国际贸易主体所涉及的资金规模相当庞大，若内部资金缺乏，则可能导致资金链断裂的风险增加。所以，资金的有效管理是一项至关重要的任务，必须引起高度重视。

首先，在国际贸易企业内部，需要建立一个全链条式的财务管理平台，该平台与各个部门的经济运行情况紧密相连。财务人员能够实时掌握各个部门的资金使用情况，严格按照社会大环境和以往的经济支出，开展深层次的分析，并合理规划每个季度的支出。

其次，针对企业内部资金的闲置情况，在投资前，企业领导层应该运用大数据对各种投资项目进行深入地分析，同时与企业的实际发展情况相结合，为领导层提供决策的精准指导。对于国际贸易企业来说，可以根据自身实际情况来确定不同的融资方式和融资渠道。

最后，大数据技术在资金融资的过程中，也会对相应的融资机构或企业进行深入地分析，以确定最适合的融资对象和融资比例。当国际贸易企业的内部资金得到合理发展的时候，其项目拓展也将变得更加顺畅。

（5）加强人才引进和培养

现如今，大数据虽然仅被应用于一些大型企业之中，但在未来，它也将成为各大中小型企业改革与创新的重要工具之一，发挥着不可或缺的作用。所以，高等教育机构应当加强对信息技术电商领域的人才培养和发展，以培养更多高素质的优秀大数据专业人才，为未来的国际商贸企业提供更广阔的发展空间。国际商贸企业应当引进具备大数据相关技能的专业型优秀人才，并在招聘过程中提高招聘的门槛，要求这些人才不仅熟悉国际商贸企业，而且必须精通有关大数据方面的知识，同时企业还应为这些人才设立独立的技术部门，用于解决企业发展中遇到的各种技术性难题。

综上所述，随着大数据的兴起，国际贸易的发展迎来了前所未有的机遇。作为国际贸易主体，企业应该及时转变以前传统的国际贸易思维与方式，积极构建以信息技术为核心的国际贸易生态系统与平台，通过对大数据技术的灵活运用，不断优化和升级国际贸易的格局，降低各主体间交流成本，最终使生产效率得到有效提升。

（三）基于数据要素驱动国际贸易转型

国际贸易企业在数字化转型过程中，需要大量的数据。在交易过程中会产生大量数据，如果数据不打通，就无法将不同数据进行关联和整合，无法挖掘更深层次的数据价值。在数字时代，假如想要实现国际贸易的快速转型，需要以大量的数据为基础，并且借助先进的技术，同时通过将需求端数据反向传递至研发设计、生产制造等领域，企业得以实现数字化转型，主要包括采购供应、研发设计等全价值链，实现了定制化设计、智能化交付等目标。大数据可以有效促进国际贸易数字化的快速健康发展，企业应该用积极的态度应对这种挑战。随着国际贸易数字化转型的持续推进，企业内部必须同步进行思维、人才等方面的数字化升级迭代，以使整个企业焕发出适应数字时代的新活力。数字化转型对于传统外贸企业而言，是一种数字化工具的应用，更重要的是借助于国际贸易的数字化转型，成功建立起对外部市场快速响应的综合机制，从而达成数字化转型战略的最终目标。

二、人才

数字经济浪潮的到来迫使企业及早思考如何从工作流程、业务模式、思维方式、应用场景等方面快速布局数字化。“数据驱动业务”并不是一句口号，其落地的第一步便是人才队伍的建设。完整的数据体系不仅需要掌握数据战略的高层次人才，而且需要熟稔技术、应用、算法的中层、基层人才，唯有如此方能促进国际贸易数字化转型的发展。

首先，从高层次人才方面考虑，在国际贸易数字化转型过程中，他们对其都有不同的见解，有不同的执行侧重点，又深谙技术原理和业务逻辑，可以有效推动数字转型工作的细节，实现数据赋能业务。其次，从中层人才方面考虑，中层需要解决将数据转变为数字化产品并赋能业务的问题。在这个过程中，需要中层人才推动每个业务场景下的转型任务，使技术部门与业务部门完美配合。最后，从基层人才方面考虑，需要形成一支多兵种配合作战的队伍。不同性格、工作习惯、职业技能、专长方面的人可以根据项目需要协同工作，实现更高的工作效率。

只有拥有数字化人才，才能形成数字化文化，才能以一定基数和规模的人才来推动国际贸易数字化的转型与应用。因此，数字化人才队伍的建设对国际贸易数字化转型来说，至关重要。

三、工具

数字化工具的应用，能够在一定程度上使国际贸易数字化转型的效率与品质得到提升，但需要注意的是必须建立在完备的工具架构之上。因为数据工具之间的格式大多存在差异，如果不将这些数据格式统一，就无法形成数据闭环。滥用这些数据工具，容易出现错误的分析结果，并且难以定位问题到底是出现在数据融合环节还是数据分析环节。因此，要实现数据驱动业务，不仅要搭建不同环节的工具体系，而且要在数据共享的基础上使数据工具之间形成闭环。

第二节　国际贸易的数字化转型新业态

一、发展和转型高端数字化贸易业态的必要性

各国要融合到全球经济一体化的浪潮中，就必须大力发展电子商务，实现国际贸易的数字化。[①]国际贸易新业态在一定程度上可以加快促进对外贸易供给侧结构性改革，扩大在国际市场上的竞争优势，成为提升开放型经济水平的主要渠道。首先，一些高端数字化贸易业态已经出现。如跨境电子商务得益于数字贸易不受时空限制、低成本、差异化和个性化的特点，开始显现出其新贸易业态的优势，为我国对外贸易在全球化贸易的激烈竞争中的可持续发展又开辟了新路径。其次，发展高端数字化的贸易新业态，扩大了中国进入国际市场的机会，优化了资源配置，促进了国家之间的互利共赢。最后，发展高端数字化的贸易新业态也深刻地改变了我国的贸易生态，同时数字贸易的发展也在引领全球的商业变革，使得全球贸易在业态、流程、体验上都在发生根本的变化。数字贸易是新业态和新模式发展的新引擎，未来对外贸易将朝着更开放化，高端化和集成化的方向发展。

由于新型冠状病毒感染对全球价值链带来巨大冲击，全球贸易低迷，外部环境不利，中国整体的外贸形势下行，面临较大的风险。培育对外贸易新业态新模式是中国下一个阶段对外贸易增长的新动能，为了实现对外贸易继续“稳中有进”

① 李新家．网络经济研究[M]．北京：中国经济出版社，2004.

的目标，支持和培育新业态、新模式，将成为我国外贸发展下一步的重点工作任务。

中国是世界贸易大国之一，在全球价值链中的地位也在逐年稳步上升，已经成为全球贸易中的重要一环。近年来，中国正逐步从国际服务贸易网络的边缘地带向核心地带过渡，中国已经成为推动世界经济增长的关键力量。发展高端数字化贸易业态将进一步推动中国进出口贸易和国际服务贸易的纵深发展，有效提高中国在全球贸易网络中的影响力。

高端数字化贸易业态使交易各方能够通过互联网和信息技术快速完成交易，并且交易双方可以不受时空地域限制进行直接联系，降低贸易流程成本，提高贸易效率以及中国在国际贸易、服务贸易网络中的价值和竞争力。在传统的国际贸易中，由于外部市场结构和内部企业核心能力、可利用资源等因素，中小微企业没有能力、没有合适的路径进入国际市场，因此他们在国际竞争中处于劣势地位。而数字贸易模式下，中小微企业可以获取数字贸易平台收集的贸易信息和消费者信息，对企业的发展战略以及产品服务进行指导，以此满足消费者需求，而且可以利用数字贸易平台直接抵达消费者。数字贸易为中小微企业带来了更加公平的竞争机会，推动中国的中小微企业参与到国际竞争中，并扮演重要角色，全面提升了中国在全球贸易网络中的竞争力。以数字化赋能货物贸易和服务贸易，形成一个以中国企业为首的融合数字化制造和数字化现代服务的面向全球的国际化产业架构，发展高端数字化贸易业态对于中国数字经济的发展有着重要的战略意义。

近年来，中国对外贸易由于全球贸易环境及国内条件的限制，贸易增长速度放缓，对外贸易发展进入瓶颈期，传统的外贸产业已经进入负增长时期，亟须找到新的商业形态来带动。中国的商品贸易规模和交易量居世界第一，服务贸易也居世界第二，已成为世界上真正的贸易大国。但是，从贸易大国向贸易强国的转变仍然需要更多的探索和创新。数字贸易的发展为中国早日实现贸易强国的目标带来了机遇。高端数字化贸易业态如跨境电商与国际经济形势相符合，中国利用跨境电商平台与世界上各个国家进行贸易已经是大势所趋，未来数字化贸易业态将在全球外贸市场占据重要地位，为低迷的外贸市场带来生机与活力。从贸易大国蜕变成贸易强国，创新是不可或缺的重要元素。依靠创新，一方面可以推动新兴产业发展；另一方面也可以提升中国品牌影响力，也能为传统产业的升级提供有力支撑，这些恰恰都是贸易竞争的新生优势所在，对快速推进贸易高质量稳健发展至关重要。在数字经济形势下，要发展高端数字化贸易业态，着重强调培育贸易新业态和新模式，稳步推进贸易强国建设。全力支持大数据交易、跨境电商、数据中心化等数字贸易高端新业态，促进创新服务贸易发展，带动传统产业进一步转型升级，不断激发对外贸易增长的新动力，实现由外贸发展大国到外贸强国的转变。

二、国际贸易数字化转型新业态的分类

（一）跨境电子商务

1. 电商法背景下的跨境电商发展

（1）中国跨境电子商务发展概况

①进出口交易规模持续增长，出口占主导。

电商法的实行及一系列跨境电商新政策的出台将进一步推动中国跨境电商良性健康发展，总进出口贸易规模将会持续增长。2022 年全年跨境电商进出口额（含 B2B）2.11 万亿元，同比增长 9.8%。其中，出口 1.55 万亿元，同比增长 11.7%。

从进出口结构层面分析，我国跨境电商仍主要集中于出口业务，但是随着近年来国内消费升级加速，消费者对高质量产品的需求也愈发强烈，品质消费成为主流消费观，也影响了跨境电商行业，我国跨境电商交易总额中的进口部分占进出口总额的比例不断提升。

②跨境电商平台崛起。

随着互联网应用加深，跨境物流运输效率的提升，海淘方式更加便利，海淘凭借其特有的价格、产品等优势，近几年发展快速。一批跨境电商交易平台迅速崛起，B2B 平台如阿里巴巴、敦煌网等，B2C 平台如天猫国际、考拉海购、京东全球购都发展迅速，为跨境电商活动提供了快捷、便利、安全的平台，为跨境电商行业更健康有序发展奠定了基础。

（2）电商法对跨境电子商务的影响

《中华人民共和国电子商务法》涉及的范围很广，包括电子商务经营者、消

费者、电子合同、电子支付和电子商务发展中争端的解决方案等，为电子商务稳健发展构建了牢固的法律框架。

《中华人民共和国电子商务法》中对跨境电商经营者的规范包括以下四点。

第一，针对海外代购售假现象对电商平台的规制。海外代购售假现象泛滥，阻碍了跨境电子商务的良性发展，而且由于代购方式信息不对称、各国法律不同等特点，对于售假问题，消费者维权艰难。为了保护消费者权益，促进跨境电商健康发展。

第二，跨境电子商务活动中涉及的个人信息受法律保护。跨境电商活动中，消费者需要提供详细的个人资料，存在一定的隐私泄露风险。

第三，保护跨境电商中消费者权益。考虑到跨境电商具备的复杂性、国际性的特点，消费者权益往往无法得到切实保障。鼓励电子商务平台经营者积极建立相关服务和商品质量担保机制，跨境电商需要建立投诉、举报机制，争端解决机制等途径保障消费者权益。

第四，针对电子合同的规范。跨境电子商务活动中，交易双方签订的是电子合同。在用户提交订单成功后，合同即视为成立，并且电子商务相关经营者不能以格式条款等其他方式约定消费者支付价款后合同不成立。因此，《中华人民共和国电子商务法》施行以后，代购需要对合同成立后没有履行义务承担法律上的违约责任。

2. 跨境电商商业模式及典型案例分析

（1）跨境电商商业模式

①出口跨境电商运营模式。

B2B 模式：B2B 模式下的平台有两种分别是交易服务平台和信息服务平台。第三方服务平台，作为信息服务的主要组成部分，专注于为用户提供交易匹配的服务，主要的盈利模式包括增值服务和会员服务。交易服务平台可以实现买卖双方之间的在线支付和在线交易。主要利润模块是展示费和佣金。

B2C 模式：B2C 模式下有两个平台分别是开放平台和专有平台。开放平台意味着允许商人留下来，而不是全部都是个体经营者。开放平台允许消费者购买更多类型的商品。平台开放包括出口跨境电子商务的各个方面，涉及开放各种流程和链接，如数据、物流、商品、买卖双方的营销和仓储，实现商家和平台的系统对接以及建立平台周围的开发人员生态系统。该自营平台是通过平台本身购买或生产产品，在线交易，产品展示和其他活动，并通过跨境物流将产品交付给消费者。

②进口跨境电商运营模式。

平台模式：第三方商家被跨境电商平台引入，由第三方商家为消费者提供商品，通过平台进行信息沟通并在平台上进行支付，平台收入来源为第三方商家入驻平台的佣金，也就是轻资产模式，投入低。但是由于第三方商家数量多，提供的产品类别丰富，平台很难鉴别第三方商家的资质，因此其提供商品的品质很难保障。

自营 B2C 模式：自营 B2C 模式包括综合自营跨境 B2C 模式和垂直自营跨境 B2C 模式。集成式自我管理平台是指在从供应商处购买商品后将商品出售给消费者的电子商务平台。产品类别不限于特定领域，并且货源是可控的。因此，它可以保证商品质量并更容易被消费者信任。但是其业务发展将受到行业政策变化的影响。垂直专有平台通常销售相同类型的产品，并且类别高度专业。它的优点是擅长于特定领域的深耕，而且供应商管理能力很强。特定群体易于获得较高的满意度，较高的用户忠诚度和自发的口碑传播，从而提高了平台的品牌价值。但是早期需要更大的财政支持。

闪购模式：闪购模式就是电商平台采取低价抢购策略，并定期定时更新海外产品，产品迭代快，新鲜度高。由于线上特卖的便捷性，以及海外稀缺性商品的高折扣，容易产生客户的重复购买，极大地培养了用户准时准点进行在线抢购限量版国际商品的消费习惯，缩短了用户购买决策的时间，提高了购买效率，能够最大化利用现金流。

跨境 O2O 模式：跨境 O2O 模式以线下实体店为基础，同时开发移动应用程序，并整合第三方平台和各种渠道等资源，搭建官方电商平台，实现线下体验店 + 移动应用 + 官方电商平台的 O2O 闭环。通过线上线下多样化引流营销，采购团队和线上平台协同配合，打通线下线上，从而形成渠道信息资源及平台大数据。

C2C 海外代购模式：C2C 海外代购模式就是客户在国内寻找海外的个人买手或商家帮忙在当地购买商品，通过国家物流将商品送达消费者。此类模式可供消费者选择的买手或商家数量多，他们可以提供较为丰富的海外商品，所以能满足消费者的多元化需求，而且一般具备价格优势。

海外直邮平台模式：消费者提交的订单在电子商务平台上分发给制造商或批发商，然后商品供应商根据订单信息以零售价格将商品交付给消费者。直邮平台的部分收入来源是产品零售价格与批发价格的差额。这类模式的主要优点包括在平台运营期间与供应商对接时，可以自由选择直接与可靠的海外供应商谈判，并签订跨境零售和供应协议，这样就会对跨境供应链有更深入的了解，同时，为了解决跨境物流问题，平台会智能选择构建国际物流体系或与特定国家的物流、邮政系统形成战略伙伴关系，为后续发展奠定物流基础。

（2）跨境电商典型案例分析——天猫国际

2014 年 2 月 19 日阿里巴巴集团宣布天猫国际正式上线，旨在为国内消费者提供海外原装进口商品，以满足其直接进口的需求，如今天猫国际已引入超 20000 个海外品牌，涵盖超过 4　000 多个品类，连续 4 年成为跨境电商市场份额第一的平台。天猫国际的发展模式是平台模式，即将第三方商家引入平台，提供商品。所有在天猫国际入驻的商家都是中国大陆以外的公司实体，具备海外零售的资质；所有销售的商品均源自或者销售于海外，并通过中国海关的国际物流系统合法进口；商家入驻资质和产品质量在天猫国际接受了严格的审查和评估。

天猫国际的盈利方式主要有两个，一是通过自营产品的销售获取利润，二是获取商家和消费者交易的佣金。天猫国际的竞争优势主要体现在物流和便利性方面。天猫国际与菜鸟联合，通过在中国的保税仓和从其他国家直运相结合，菜鸟网络帮助跨境商家提速补货时间，向消费者提供了更好的购物体验。而且菜鸟驿站在“最后一公里”的问题上，也为消费者提供了全面的解决方案。消费者通过天猫国际平台下单，选择多样，购买便捷，而且天猫国际以海外直供为主，货源更加稳定。但天猫国际也面临着代购和海淘的价格的威胁。

3. 中国跨境电商发展趋势及策略建议

（1）中国跨境电商发展趋势

①新兴市场发展态势良好

随着国家对“一带一路”倡议的实施，沿线国家网络购物的普及以及消费者购买力的提升，跨境电商政策的逐渐放开，沿线国家将成为中国跨境电商出口新的增长点。目前东南亚、中东等地区跨境电商份额相对较低，但发展速度持续加快，这些地区拥有足够的人口红利，“一带一路”倡议带动了沿线国家共同发展，随着沿线国家经济发展水平的提高，跨境电商将会飞速发展，实现当地经济发展与中国跨境电商发展的双赢。

②跨境电商企业创立自有品牌

跨境电商领域法律法规的完善，驱使企业合规化发展，流量拓展成本不断上升，跨境电商企业的日常运营成本势必增加。伴随用户消费升级，国内企业受到国际优质产品的冲击，企业不可能继续通过价格战在竞争中取胜。所以跨境电商企业未来需要有自身的品牌，并且积极在海外推广商标，利用好网络媒体提升企业品牌知名度。通过电商平台的大数据，研究不同消费群体的购物习惯，精准满足多种消费群体的需求，确定品牌的定位及发展战略，提升公司的经济效益，实现做大做强。

③跨境电商平台线下拓展

随着科学技术的快速发展，跨境电商企业相继在线下开设实体店。随着线上电子商务的流量到达一个瓶颈，开设线下店为消费者带来即买即用的购物体验。虽然跨境电商线下实体店还处于起步阶段，未来随着线上线下数据互通，利用大数据进行精准营销，跨境电商平台线下店具有传统门店不能比的优点，将会为消费注入更多可能。

（2）中国跨境电商发展策略建议

①政策引领，营造一流营商环境

推进完善跨境电商信用体系，营造公平诚信的跨境电子商务发展氛围。在跨境电商发展过程中，逃避税收、销售假冒伪劣产品、侵犯知识产权等问题频繁发生，应完善跨境电商领域的相关法律法规，建立跨境电商知识产权保护机制；建立跨境电商商品的全流程追溯系统，使跨境电商的每个环节都可追溯；成立第三方的信用评级机构，进行信用评级、违法失信行为等信息的披露；实施政府各部门联合监管，推动各部门之间信用信息共享，提高监管效率。

②建设全球供应链

整合全球制造商、供应商、采购商等跨境电商产业链中的各个重要环节，搭建供应链贸易综合服务平台，促进供应链上下游产业资源优化配置；优化海关通关、物流、跨境支付等服务体系。在海关通关方面，简化通关流程，提高跨境电商通关效率；加速邮政、快递企业改革，建立覆盖全球重点市场的跨境物流网络，推动跨境物流本地化，持续优化物流服务；鼓励跨境电商企业布局海外仓，降低企业成本，提高企业的配送能力；鼓励开展跨境支付业务，推出优质支付便利措施，保障跨境支付安全。

③培养跨境电商专业人才

目前是跨境电商发展的黄金时期，跨境电商行业的相应专业高端人才比较缺乏。跨境电商行业不仅需要具备计算机应用能力，还需要精通小语种，并且掌握全面的电子商务运营知识与实践能力。目前我国高校在此类人才的课程设置上略有不足。因此，高校应该探索创新适合的人才培养机制，在课程设置上，充分考虑职业岗位要求，建立完善的综合性跨境电商课程体系。另外与跨境电商企业建立合作关系，共同创建专业的人才培训基地，让大学生在上岗前具备实践能力，为跨境电商行业输送更多的专业人才。

（二）外贸综合服务

外贸综合服务是一种基于环节整合的服务模式，统一投放给中小型外贸企业，旨在为中小型外贸企业提供一体化的支持和服务。它不仅提供一般的外贸业务办理和结算等相关服务，而且还包括一些特殊的贸易融资、进出口报关、保险理赔以及其他增值性业务。目前，国内很多外贸公司都有自己的出口综合服务平台。通常情况下，外贸综合服务平台所承载的实体为从事外贸综合服务的企业。所以，外贸综合服务企业实质上是一家可申请退税的代理企业，主要体现在“综合”和“服务”两个方面，前者代表的是比传统代理企业更加全面的服务，可以代办退税事宜。若无法获得退税，该企业将被归类为纯粹的代理企业，无法被归类为“综合外贸服务”企业。后者所指为非自营服务，具体而言就是服务企业不参与实际交易，而是提供全面的服务。

我国外贸业务模式的创新，产生了一批提供综合服务的企业，旨在为中小型企业提供进出口环节服务，有效降低了外贸成本，同时增强主体地位，这对于推动我国外贸转型升级有积极的作用和意义。

三、发展和转型高端数字化国际贸易新业态的着力点

（一）加强数字基础设施建设

数字基础设施作为构筑国家数字贸易的重要基石，同时也是推动国际贸易数字化蓬勃发展与转型的基础性技术，影响着国际贸易数字化发展与转型的广度与深度。所以，必须将数字基础设施建设的重要性，提升至更高的层次，将其视为与水、电、公路等同等重要的公共品，并将其纳入国家战略投入中；应当降低数字基础设施行业的市场准入门槛，以国有企业在基础设施投入方面的引领作用为基础，将民营资本的“鲇鱼效应”充分发挥出来，持续有效提升和提升中国数字基础设施建设水平；政府应从财税融资角度为移动互联网络的速率与稳定性方面的研发企业，提供更多支持，以促进成果转化和与其他行业的融合发展，同时进一步加强数字新技术的研发。

（二）完善数字贸易规则及相关法律法规

目前，针对国际贸易数字化规则主要是《全面与进步跨太平洋伙伴关系协定》《跨大西洋贸易与投资伙伴关系协定》等一些多边协定中的国际规则。中国需要建立一套更加完善的数字化的国际贸易标准化监管政策框架，明确税收、海关监管等方面的具体规范和规则。重视国际贸易数字化投资规则，尽快制定有利于我国数字贸易产业发展的规则标准。

（三）积极参与国际数字贸易规则制定

全球范围内对国际贸易数字化的相关规范措施正在逐步完善，主要体现在《全面与进步跨太平洋伙伴关系协定》、《跨大西洋贸易与投资伙伴协议》及《国际服务贸易协定》这三个超大型的自由贸易协定上。世界贸易组织的相关协定包括关税及贸易总协定和服务贸易总协定，都涉及或能够推断出与电子商务有关的规则。在积极参与国际服务贸易协定的谈判的同时，应该将中国的声音发出来，贡献中国智慧，此外还要积极参与全球价值链分工体系的构建，提升自身的竞争力，为我国经济发展创造更好的外部环境。在当前和未来的双边或多边贸易协定中，应积极引入国际贸易数字化条款，以主动抢占先机。

第三节　国际贸易的数字化转型价值

贸易数字化成为企业赢得未来生存的“入场券”，数字化转型也将企业带入数字化新外贸的新航道。

一、贸易数字化转型的意义

实现贸易高质量发展最终要靠国际贸易创新发展，而创新发展的关键是数字化对我国传统贸易进行重构和不断发展新业态新模式。在新时代推动“数字强贸”战略，最重要的支撑也是贸易数字化。通过贸易数字化，可以重塑我国对外贸易竞争新优势。尽管我国贸易的国际竞争力日益增强，话语权逐渐扩大，但外贸数字化仍处于起步阶段，有待进一步推进，数字化在传统对外贸易中的渗透率也不是很高，数字化水平尚有很大的提升空间，所以推进贸易数字化势在必行。

经济发展离不开国际贸易的推动，因此加快国际贸易数字化发展不仅关系到我国外贸的高质量发展，更关系到贸易强国目标的早日实现，具有非常重要的现实和战略意义。

首先，在短时间内迅速应对疫情所带来的紧迫挑战。在短期内，尽管外贸企业面临着多重困难，如接单难、履约难等，但随着国际贸易数字化的发展，线上展示、线上洽谈等方式的出现，能够打破这些障碍与壁垒，从而实现线上贸易的转移。数字技术的发展使得人们对商品需求不再仅局限于数量与质量，更重要的是要求其具有个性化定制能力和服务功能，以满足消费者多样化的消费诉求。数字技术的广泛应用，如直播、VR、3D 等，在疫情期间打破了人流与物流的壁垒，真正实现了全球范围内的营销覆盖。同时，借助互联网思维，外贸企业能够及时掌握市场需求变化，快速调整生产计划，以最小成本获取最大利润。通过数字营销和外贸大数据的应用，企业可以实现无需外出即可精准开发客户，同时利用跨境电商平台，实现无需接触即可将产品销售至全球各地的目标。

其次，提升贸易的便捷性，改善外贸企业的营商环境，满足当前的需求。加快发展数字经济是新时代我国对外贸易的必然选择，数字技术在国贸易各个环节的应用，不仅能够大幅度提升贸易便利化水平，还能够显著降低和缩短贸易的成本、流程，同时提高贸易的效率。国际贸易的数字化平台还可实现贸易信息共享及协同处理，利于降低交易成本、减少贸易壁垒，进而促进贸易便利化。随着区块链技术的不断演进和完善，在贸易流程中的广泛应用为贸易带来彻底的颠覆和变革，这就意味着未来传统的国际贸易方式必将被数字化的新型贸易形式所取代。因此，需要建立全新的监管模式和监管体系，以适应外贸新业态新模式，从而提高贸易便利化水平，改善外贸企业的营商环境。

再次，实现贸易高质量发展的必要条件之一，是确保贸易活动的高效性和可持续性。国际贸易数字化是贸易全球化时代，贸易增长方式转变的必然要求。产业与企业的竞争优势是决定贸易竞争优势的关键因素，因为它们直接影响贸易的最终结果。数字化贸易将推动产业与企业实现数字化转型升级，促进外贸从以货物出口为主，不断向服务、货物等领域相融合的方向发展，从而促进竞争优势从以价格优势为主，向以品牌、服务等为核心的综合竞争优势的真正转变。为了实现国际贸易的高质量发展，必须进行贸易发展模式的创新，以培育新的贸易动能，在这个过程中，国际贸易数字化扮演着至关重要的角色，它可以促进贸易新业态的发展，并形成新的贸易动能。由此可知，推进国际贸易数字化水平的提升，是促进国际贸易高质量发展的必要途径。

最后，顺应全球经济与科技发展趋势的实际需要。随着时代的发展，全球正在经历科技与产业大变革，人类也正在经历以大数据、云计算等数字技术为核心的第四次工业革命，对传统国际贸易产生了深刻的影响和改变。数字化是未来国际关系与全球治理变革的主要驱动力之一，随着数字化的推进，全球经济和国际贸易格局正在经历一场深刻的变革，这场变革将开启新的全球化时代。随着全球数字经济快速崛起，数字贸易规模不断扩大，对国际产业分工与合作产生重要影响，促进贸易自由化进程加快。在国际贸易数字化的竞争中，各国都在积极推进传统贸易向数字化的转型，以夺取数字化贸易的制高点。随着全球经济和科技的不断发展，国际贸易数字化已经成为一种趋势，为我国加速从贸易大国向贸易强国的转型提供了机遇和平台。

数字化的创新之路为中国外贸注入了新动能，也指明了新的发展方向。特别是在新型冠状病毒感染等因素对世界贸易产生不利影响的情况下，外贸企业更加坚定了进行贸易数字化转型的决心和信心。随着 2020 年 11 月中华人民共和国国务院办公厅印发《关于推进对外贸易创新发展的实施意见》和2021年3月《中华人民共和国国民经济和社会发展第十四个五年规划和2035年远景目标纲要》的发布，贸易数字化成为培育外贸新动能的重要抓手，加快贸易数字化转型和发展，提升贸易数字化水平上升到国家战略高度。加快数字化发展，数字中国建设的远景目标在于最大限度地利用海量数据与丰富应用场景的优势，推动数字技术和实体经济的深层次结合，从而为传统产业转型升级提供强有力支撑，同时进一步催生全新的产业、业态以及模式，最终为经济发展注入新的强劲动力。

随着全球信息化浪潮的兴起和信息技术在经济社会各领域广泛运用，国际产业分工与合作日益深化，新的贸易形式不断涌现，国际贸易呈现出明显的数字化特征。一方面，加速数字技术与贸易的深度交融，推动新兴贸易业态的发展，开拓贸易发展的新境界，同时促进数字产品出口增长，培育外贸竞争新优势。另一方面，通过不同的方式努力提升贸易数字化水平，加速贸易全链条数字化赋能，推进国际贸易数字化进程，促进国际贸易主体数字化转型，营造国际贸易数字化的良好政策环境，推动数字化强贸的发展。

二、传统国际贸易与数字化国际贸易的区别

这里的传统国际贸易通常是指采用传统方式做外贸，如果非要厘清其与数字化国际贸易的区别，那还是要看谁以数字技术作为核心驱动力。因为只有以飞速发展的数字技术做支撑，才能创造出比规模化更多的新增量。这一点传统国际贸易显然是不具备的。传统国际贸易和数字化国际贸易身上的标签也不同，传统国际贸易的标签是参加展会、交换名片、邀请客户验厂等；数字化国际贸易的标签是数字营销、外贸大数据、跨境电商等。

在数字化国际外贸时代，传统国际贸易与数字化国际贸易相比，不同点具体表现如下。首先，订单撮合平台不同。传统国际贸易主要采用的是黄页模式与传统展会的线下交易，信息不对称，交易成本相对较高，交易机会少且不稳定，依赖熟人关系和有限的市场触及；数字化国际贸易主要是买卖双方通过基于互联网的线上平台，依靠互联网、大数据、云计算、区块链等技术获取交易机会，精准触达客户，在大大增加订单量的同时，打破信息的不对称性，提高营销效率，提升营销效果。其次，传统国际贸易业务通常是“一对一”的两点一线，业务来源

过于单一，特别是新型冠状病毒感染导致在一段时间内线下展会基本停办，人员来往被阻断，物流、支付、汇兑、退税等服务被割裂，海、陆、空运输几乎停摆，再加上某些国家趋于保护主义的政策，线下外贸变为“望洋兴叹”。反观数字化国际贸易，数字技术使地球上任意两地之间都有可能做买卖，而且不受时空、地域、人为等因素的影响，真正实现足不出户“全球买、全球卖”。再次，在订单交付上，中小企业可以借助一站式外贸综合服务平台，享受快速、便捷和低成本的通关、结汇、退税、物流等综合交付服务。同时，企业可以利用外贸综合服务平台上沉淀的数据积累公司的数字信用资产，享受数字化供应链金融服务并降低融资成本。随着分工和服务的进一步发展，外贸综合服务平台也向一站式跨境供应链服务商转变，通过数字技术打造的跨境供应链服务支持端到端交付，将通关、物流、财税、支付连成高效衔接的整体系统。这样才能让中小企业专注自己的核心产品，降低进入国际市场的门槛。最后，未来撮合服务平台和交付服务平台将协同发展。撮合服务平台利用交付服务平台的大数据，降低撮合交易成本；交付服务平台借助撮合服务平台的流量引入新客户，并为客户提供更多增值服务。未来的趋势是，基于数字技术形成的从贸易订单生成到订单交付及其他配套服务的全闭环贸易平台，提供从外贸订单在线生成及完成交易的闭环服务，将企业带入国际贸易数字化的新纪元，真正融入全球化的商业生态。

在未来相当长的一段时间里，无论是传统的国际贸易还是数字化的国际贸易，外贸企业都将面对着四个全新的环境挑战。第一，全球化的新环境。随着新全球化的不断推进，区域贸易一体化的步伐不断加快，同时数字化技术的应用也在重新构建全球市场的互联互通。近年来，随着全球贸易争端的进一步升级，无论是区域贸易还是新兴市场贸易均蓬勃发展，市场的多元化趋势日益显著。如中国已正式加入《区域全面经济伙伴关系协定》（RCEP），并且提出加入《全面与进步跨太平洋伙伴关系协定》（CPTPP）以及《数字经济伙伴关系协定》（DEPA）的申请，2020 年东盟超过欧盟成为中国第一大贸易伙伴，这些都表明中国加快融入更高标准的区域贸易一体化市场。未来企业应充分抓住“一带一路”倡议、RCEP 等带来的机遇，同时利用好数字化带来的全球市场一体化时机，借助跨境电商等外贸新业态新模式把市场拓展到世界的每一个角落。第二，数字化的新环境。现如今我们已经完全处于数字时代，随着大数据、云计算等数字技术的发展，数据已成为全新的重要生产要素，并且数字技术的应用对企业的产业链与价值链进行了重构，为外贸企业带来了前所未有的挑战和机遇。在数字化的信息时代，没有一家企业能置身事外，数字化不再是外贸企业的可选项，而是所有外贸企业的必选项。数字化也是未来贸易领域所有不确定事情中最确定的事情，企业唯有进行数字化升级，才能拿到数字化时代的“入场券”。第三，发生公共卫生事件。新型冠状病毒感染导致的全球供应链断裂未完全修复，运费高昂、产品交付困难一时难以有效缓解，人工短缺和原材料上涨也很难在短时间内逆转。新型冠状病毒感染在加快整个外贸行业“大洗牌”的同时，也为企业按下了数字化转型的加速键。第四，低碳环境。现今，正在积极推进实现能源结构的绿色化、清洁化和低碳化，以达成碳达峰、碳中和能源双控等目标。经济和产业结构面临着进一步转型的压力，需要转变经济增长方式，以淘汰污染密集型和能耗密集型的产能。鉴于节能减排的迫切需求，我国燃煤电厂的建设速度已大幅减缓，目前的电力投资主要集中在非化石燃料发电领域。尽管清洁能源的发电量仍显不足，但电力需求却呈现出迅猛增长的态势，随着煤炭价格大幅上涨，发电成本不断上升，火电企业面临着较大压力。外贸企业应当充分备战，以应对可能出现的各种情况，同时加快转型成低碳型企业，提升技术含量，采用清洁技术，生产的产品也要符合绿色化和低碳化的趋势。

三、国际贸易数字化转型的过程

国际贸易数字化转型经历了 3 个不同的发展阶段，现在已经进入 3.0 的发展阶段。1.0 阶段的国际贸易数字化是数字化营销，如搜索引擎、外贸大数据等广泛应用，通过这些数字化的工具，实现信息的交流与发布。2.0 阶段的国际贸易数字化是数字化交易，以跨境电商 B2C 为主，其中包括平台跨境电商和独立站跨境电商。随着科学技术和数字化的发展，跨越国界的消费品电商正在以惊人的速度蓬勃发展，消费品跨境电商在线上积累了大量消费者行为数据，企业能够通过对数据的分析，对研发设计、营销销售等环节进行数字化改造，从而实现全价值链的数字化转型。

随着数字化改造在价值链各个环节的全面实施，以及国际贸易全流程数字化改造的推进，国际贸易数字化已经进入 3.0 的新阶段。在此过程中，国际贸易企业需要从商业模式创新、供应链整合与管理创新等方面对国际贸易数字化转型升级提出更高的要求。国际贸易数字化 3.0 阶段除涵盖 1.0 阶段营销环节数字化及 2.0 阶段交易环节数字化外，还涵盖数字化研发设计、智能制造等国际贸易全流程数字化。

国际贸易数字化转型从营销环节的数字化到交易环节的数字化，再到贸易全流程的数字化，以及全产业链、供应链和价值链的数字化，不断向纵深发展。最终，国际贸易数字化将实现所有产品的数字化营销、数字化交易、数字化交付，实现从跨境 B2C 贸易数字化到跨境 B2B 贸易数字化的飞跃，真正做到无论是个人还是中小企业，抑或大型跨国公司，都可以通过数字平台和数字技术轻松进行跨境贸易。

四、国际贸易数字化转型的价值力量

近年来，许多国际贸易企业抓住机遇，果断开展数字化转型工作，释放出巨大的潜能，不仅提升了自身能力，而且也实现了超出预期的增长。对于外贸企业而言，2020 年标志着国际贸易数字化进入了一个全新的时代；对于传统产业而言，国际贸易数字化在这一年踏出了第一步。传统外贸企业的发展思路还停留在“卖产品”阶段，电子商务平台却开始向“买服务”转变。在国际贸易领域，运用 B2B 网站收集和展示信息，运用外贸管理软件管理企业流程，以及使用公开数据查询和分析信息，这些都是早已存在的。企业要真正实现数字化转型，需要对其各个工作环节或领域进行全面的改造和升级，而非仅停留在表面上。国际贸易数字化转型需要有一个过程，这个过程也就是企业从传统的粗放型发展到精细化运营的转变。国际贸易数字化转型应当注重为整个贸易流程注入活力，以实现全价值链与产业链的成功转型。

数字化的价值在于通过对贸易的开发、撮合等环节的改造，实现对国际贸易流程的赋能，从而进一步缩短和降低贸易的流程、成本，增加和提高贸易的机会、效率。在此过程中，国际贸易企业需要从商业模式创新、供应链整合与管理创新等方面对国际贸易数字化转型升级提出更高的要求。2020 年，国际贸易数字化的蓬勃发展为许多企业带来了逆势大幅增长的红利，使业绩大幅提升。随着国际贸易数字化成功案例的不断涌现，通过深入分析和聚焦企业数字化转型过程中的痛点、堵点以及难点，初步总结出了行之有效的贸易数字化解决方案。

国际贸易数字化转型的价值体现在新型冠状病毒感染所带来的深远影响，这标志着引领企业全价值链、全产业链转型的新时代已经到来，同时也引发了国际市场环境的变化，原有的贸易方式、贸易逻辑等发生了巨大的转变，这种趋势不可逆转。在此背景下，国际贸易数字化转型将面临前所未有的机遇和挑战，为了实现全价值链的转型，企业需要在多个方面进行全方位的优化、升级与转型，如供应链管理、研发设计等，同时在此过程中，必须要做好产品和服务创新以及渠道建设两个关键要素。完成以上环节的转型，将有望在未来的国际贸易竞争中占据领先地位，成为一种“新物种”，从而在新时代中获得胜利。

企业外部在数字化转型的过程当中一定会和内部的数字化转型有所联系，这是一种不可避免的必然趋势。为了实现企业的可持续发展，必须全面地变革思维、组织等方面，以客户为核心，以创造客户价值为具体导向，积极构建敏捷的组织结构，实现扁平化和去中心化，同时建立具有强大功能的中台系统。在这样一个平台上，企业可以把自己的业务与客户需求连接起来，并将客户需求转化为产品和服务，再由客户反馈回来，实现闭环管理。随着数字化转型的全面推进，外贸企业将获得更高的效率和更广泛的客户群体，从而获得更多的订单，最终更快地占领市场，抢占主权。在未来的发展中，贸易公司可以利用互联网技术和大数据技术来实现对客户需求的精准把握，进而提高生产效率，降低成本。国际贸易数字化的重要作用之一在于降低成本、提高效率，这一点不容忽视。

为了更好地推广国际贸易数字化，进一步加强外贸企业的数字化服务，中国对外经济贸易统计学会贸易数字化专委会先后在《进出口经理人》《对外经贸统计》等专业刊物上开辟了贸易数字化、外贸大数据等专栏，通过定期撰写文章积极宣传贸易数字化，累计发表贸易数字化领域理论和实践文章二十余篇；2021 年 5 月，又先后开通了贸易数字化专委会微信公众号、创立了《贸易数字化之窗》电子刊，累计刊登贸易数字化领域研究与实践活动等相关文章近一百篇。在商务部配额许可证事务局、商务部对外贸易司等有关部门和中国对外经济贸易统计学会、中国对外经济贸易会计学会的大力支持下，依靠广大专家、企业积累的丰富理论与实践经验、资源，使贸易数字化的价值根植人心，成为数字化转型的重要抓手。

第四节　国际贸易的数字化转型壁垒

一、国际贸易壁垒的定义、类型与演变

（一）贸易壁垒的定义

国际贸易作为连接全球各国的重要纽带，同时也是推动各国经济增长的重要引擎，扮演着不可或缺的重要角色。国际贸易的演进与贸易壁垒息息相关，WTO的规则框架旨在推动贸易公平互惠，保障人类和自然的安全。然而，在国际贸易实践中，贸易壁垒经常被滥用为贸易保护主义的“护盾”，从而成为各国保护自身经济与产业发展的“利器”，同时也使跨国贸易和投资的自由便利化受到限制和影响。WTO 规则下的贸易壁垒，如反倾销、反补贴等，经常被视为国家间贸易博弈的工具，新兴经济体则常遭受其摧残。因此，如何有效地规避贸易壁垒已成为当前全球关注的热点问题之一，研究贸易壁垒对国际经济增长的影响具有重要意义。随着国际贸易的演进，双边与多边贸易协定、贸易谈判在一定程度上消减了关税壁垒，然而以技术性贸易壁垒为典型代表的非关税壁垒，仍然在国际贸易中占据主导地位。

随着数字时代的到来，以数字技术为贸易工具和以数字产品和服务为基础的数字贸易，已经成为推动贸易壁垒演变的主要力量。数字贸易不仅会引发新的贸易摩擦，还可能导致原有贸易壁垒失效或产生“替代”作用。数字贸易对贸易壁垒的影响具有两种潜在的效应，一种是消解贸易壁垒，另一种则是重构贸易壁垒。当前，数字贸易正在成为发达国家实施新经济战略的主要抓手之一。在全球范围内，贸易保护主义和逆全球化思潮愈演愈烈，国际贸易领域也将更多地采用贸易壁垒。数字贸易对国际贸易壁垒有着更为深刻复杂的作用机理，直接导致了传统贸易规则体系面临挑战。鉴于我国作为全球最大的贸易大国，同时也是贸易壁垒最为严重的受害者，因此探讨数字贸易对贸易壁垒的消解和重构效应，以及我国应对这些问题的策略，对于我国在数字时代更好地应对贸易壁垒，推进数字贸易起到十分重要的现实作用和意义。

到目前为止，已有多种国际贸易障碍的解释和分类，其中最具代表性的是美

国贸易代表办公室、欧盟和中华人民共和国商务部所定义的贸易障碍，这些定义从不同角度解释了各种贸易壁垒的含义及其特征，并在一定程度上反映出各国政府的立场、态度和政策取向。对贸易壁垒的解释和评估标准虽然存在差异，但普遍认为贸易壁垒是政府所采取或者维持的贸易措施或贸易行为。由于各国经济发展水平不同、社会结构差异较大等原因，各国在界定贸易壁垒时也会有一些不同之处。本书借鉴现有观点，将贸易壁垒定义为违反国际贸易规则的行为，包括但不限于禁止、妨碍、阻碍货物或服务跨国转移，以及地方保护主义的扭曲。

（二）贸易壁垒的类型

1. 关税贸易壁垒

①关税高峰：对少数产品实行高水平关税。

②关税升级：随加工深度的提升，提高关税税率。

③关税配额：配额量以内实行低税率，超出配额实行高税率。

④从量税：按照商品计量单位计征。

⑤从价税：按照商品的价格计征。

2. 非关税贸易壁垒

①行政性贸易壁垒：由政府行政行为直接引致的限制措施。

②反倾销：进口国以产品存在倾销为由采取的限制进口措施。

③反补贴：为抵消商品补助或补贴而征收的税。

④保障措施：相关进口限制措施。

⑤技术性贸易壁垒：规定某些技术标准或认证或检验制度。

⑥绿色贸易壁垒：以维护人类健康和环境安全为目的而采取的限制。

⑦蓝色贸易壁垒：以保护劳动者劳动权益和生存权利为借口采取的保护措施。

⑧服务贸易壁垒：对服务贸易作出限制的各种方式、方法。

⑨动物福利壁垒：以动物福利为由限制他国动物源性产品出口的做法。

⑩知识产权壁垒：以知识产权作为贸易竞争的主要方法采取的措施。

⑪与贸易有关的投资壁垒：以实施贸易保护为目的而采取的限制性投资措施。

（三）传统贸易壁垒的演变特征

首先，各国所实施的贸易限制逐渐演变为非关税壁垒，这一演变过程经历了从高关税到非关税壁垒的逐步转变。随着全球经济一体化进程不断推进，贸易壁垒对国际分工格局的影响日益增强，作为一种非关税壁垒形式的国际贸易摩擦也日渐频繁。在 WTO 多年的斡旋和自由贸易的推动下，全球范围内的关税虽然大幅削减，但贸易摩擦并未减少，反而以非关税壁垒的形式重新掀起了贸易保护主义的浪潮。

其次，部分经济体之间的贸易壁垒案件呈现出日益突出和集中的趋势。随着国际分工不断深化和经济全球化发展，世界各国在国际贸易领域竞争日趋激烈，贸易壁垒问题逐渐成为影响国家竞争力乃至一国对外经济关系的重要因素之一。在全球范围内，各国在权衡扩大对外贸易和实施贸易保护之间的博弈之中，不断涌现出各种贸易壁垒事件。从区域层面来看，发达国家和发展中国家均有涉及贸易壁垒的案例，并且规模体量比较大和贸易发达的经济体，所面临的贸易摩擦风险更高，也更容易成为实施贸易壁垒或者遭受贸易壁垒更多的参与方。

最后，随着时间的推移，技术性贸易壁垒已逐渐演变为贸易壁垒的主要表现形式。近几年，由于技术性贸易壁垒以名义上的合理性、形式上的合法性等典型特征，频繁出现，可以说是实施程度最高的壁垒形式。技术性贸易壁垒导致出口国的成本增加，如升级包装技术标准所引发的技术性贸易壁垒，会增加出口国的可变成本，压缩利润空间，从而导致出口国逐渐退出目标市场。发达经济体，如美国、欧盟和日本等，在全球范围内实施的密集程度相对较高，然而由于发展中国家缺乏技术能力，实施力度相对较弱。

二、国际贸易数字化转型过程中的壁垒

（一）监管分歧

发达国家和发展中国家在监管方面存在两大分歧，一是在数据管理方面存在分歧，二是在网络内容监管方面存在分歧。从数据监管分歧的层面来看，因为技术与产业的发展差异，发达国家通过先进数字技术以及全球数据资源，成功实现数字产业化的快速发展，并在跨境数据流动方面占据了主导地位，发展中国家经

常被迫接受发达国家提供的数字服务，最后逐渐成为数据净输出国。从数据要素输入到输出再到收益的整个过程中，发达国家占据主导地位，发展中国家处于从属地位。因为普遍缺乏数据交易制度，再加上数据要素的权属模糊、复制成本不高等特性，导致发展中国家在输出数据要素的时候，没有获得相应的回报，大量数据要素以非常低的回报输出至发达国家，从而形成数据要素输出国受损，数据要素输入国获益的尴尬局面。从数据流通主体的角度看，发达国家更愿意将数字贸易中的数据直接用于生产生活，不愿意以其他形式向发展中国家进行转售，从而使数据在流向国家间流动时处于一种“单向度”状态。从各国数据贸易政策来看，发达国家通常将数据贸易与技术贸易壁垒结合起来进行管理，以达到保护本国利益的目的。由于缺乏完善的数字经济监管制度与国内监管机构的滞后性，发展中国家在跨境数据管控方面的能力不高，发达国家可以借助建立健全的数字经济监管制度，对本国储存于海外的数据进行有效的管理和控制。考虑到上述因素，发达国家倾向于放宽对跨境数据流动的限制；由于缺乏相应的数字化产业和相应的法律法规，发展中国家大多实施各种程度的限制措施，以限制数据在跨境范围内流动。

就网络内容监管的分歧而言，发达国家更倾向于创造一个开放自由的互联网环境。这是因为在全球范围内，互联网基础设施已经得到广泛普及，各国都拥有完善的互联网系统平台，并且互联网普及率较高，为网络内容的生产与传播提供了便利条件。发达国家在此环境下的国际贸易中占据优势，有助于数字服务提供商大量收集与利用数据的同时，也有助于国家输出数字监管标准，从而使发达国家更好地掌握数字规则制定的相关话语权。同时，发达国家拥有强大的知识产权保护意识，能够通过立法有效维护自身利益，以避免因滥用权利造成国际的贸易纠纷。在发展中国家，由于缺乏科技巨头，信息保护技术尚未成熟，网络用户遭受攻击和信息泄露等事件时有发生。因此，为了确保网络用户的个人信息以及数据的安全性，防止和降低非法入侵关键网络系统的概率，发展中国家越来越多地采用审查网络内容的方式，以进一步加强对网络信息的管理和维护。

综上所述，国际贸易数字化转型的过程当中，监管的分歧也是一个关键性的壁垒与挑战，应该通过各种方式，尽可能地将其消除，从而更好地促进国际贸易数字化的转型与发展。

（二）市场准入分歧

在数字产业的开放问题上，发达国家和发展中国家之间存在着明显的分歧，如开放程度、开放时间以及开放方式等。数字产业基础、法律制度等方面的发展水平在发达国家和发展中国家之间呈现出明显的差异，这些因素将影响到发达国家与发展中国家之间数字贸易政策的制定及执行效果。发达国家更期望各国实施宽松的数字产业市场准入规则，建立一个有利于国际贸易数字化转型和发展的包容商业环境，从而实现数字产业规模经济效应的最大化。发展中国家如果彻底放开本国数字市场，那些拥有绝对优势的跨国科技巨头将会快速占据市场份额，从而阻碍和影响本国数字产业的进一步发展。数字巨头所拥有的市场用户数量与其所获取的信息数量成正比，数字要素的外部性特征有助于推动产品服务质量的提升，此举会加强数字巨头在国内市场中的现有优势，最终形成寡头垄断以及数据垄断的格局。因此，发展中国家应该制定合理的贸易政策，限制跨国数字技术公司进入本国市场以及本国数字巨头的发展，避免因过度竞争导致数字经济出现泡沫或衰退等现象。WTO 收到的电子商务提案在内容上存在较大差异，发达国家主要关注电信与计算机服务的开放承诺，发展中国家比较偏向于以灵活性与包容性为基础，通过探讨具体问题，进一步扩大和电子商务有关的货物与服务贸易规模。各国都采取了各种措施来应对网络经济时代的竞争挑战，其中包括反垄断政策调整与规制创新。值得一提的是，监管和市场准入的分歧既在发达国家和发展中国家之间存在，又在发达国家之间也同样普遍存在。综上所述，监管分歧和市场准入分歧为国际贸易数字化转型壁垒的滋生提供了“不良的土壤”，国家之间应该加强沟通与交流，尽快制定符合国际贸易数字化转型的有效措施，以便推动国际贸易数字化的进一步发展。

第四章　国际贸易数字化转型的影响

数字化为国际贸易的转型创造了新机遇，带来了新挑战本章主要从国际贸易的数字化转型降低国际贸易成本和改变国际贸易模式，两个方面对国际贸易数字化转型的影响进行详细的阐述。

第一节　国际贸易的数字化转型降低国际贸易成本

一、运输和物流成本

运输成本在国际贸易成本变动中占最大份额，物流成本在国际贸易中同样很重要。运输和物流成本取决于运输产品的种类、国家之间的距离以及来源国、目的地国和过境国的贸易基础设施。运输成本不限于将货物从原产地运往目的地所支付的价格，这些成本的一个重要部分与时间延迟和不确定性有关。最近，对运输成本的关注已经从简单地将货物从原产地转移到目的地的成本转变为时间延迟和不确定性的重要性。这是由于国际贸易数字化的全球供应链、及时库存管理和精益零售的重要性日益增加。

如今，数字化国际贸易已经进入一个新的阶段，即数字化贸易商业操作系统。通过升级和改造国际贸易多元化基础设施，如商家操作系统、超级会员系统等数字化服务，建立一套完整的数字化贸易商业操作系统，为全球范围内的企业以及消费者提供更加便利的数字化基础设施，真正实现了数字贸易全球化的全球买和全球卖。

数字化对国际贸易运输和物流成本产生了显著影响。最为明显的就是利用各种先进的数字化技术，降低贸易的运输成本与物流成本。近年来，GPS 用于导航和路线规划已经变得无处不在。人工智能等新技术有望产生类似的普遍影响，因为人工智能应用目前包括自动驾驶功能或实时行程映射。如一家初创企业有可能通过组建基于人工智能和大数据的中继网络来改变横跨印度的长距离货运。这一网络将驾驶员与卡车连接起来，使几位司机可以分别驾驶4～5小时的行程，取代了一个驾驶员覆盖整个行程的系统。这一系统还使用机器学习算法精确预测卡车何时到达和离开停站，以及在哪些加油站加油。通过消除单个驾驶员需要的休息时间，这有助于减少一半以上的行程时间。

结合人工智能算法，使用先进的机器人技术可以最大限度地降低存储成本并加快向最终客户的分送。大型电子商务公司已经密集使用人工智能和机器人来优化其存储和分销网络，规划最有效的交付路线并充分利用其仓库。许多初创企业正在开发在车间运行的自动机器人，并在仓库、工厂和配送中心的货架上跟踪库存。电子商务平台上的客户生成大量数据，这些数据与人工智能一起用于开发预测工具以更好地预测消费者需求。

物流成本的降低提高了中小微企业的国际贸易参与度。运输和货物追踪技术的使用，有助于发展中国家政府更好地监测国际贸易。如追踪技术可用于防止出口货物“复进口”。对出口货物免征国内税和消费税经常引致贸易商将本来出口至外国市场的货物转到国内市场，并且虚假申报税收优惠。

二、跨境成本

现如今，中国乃至世界都不约而同地进入一个以信息技术引领的时代，这也使传统国际贸易向数字化国际贸易转型。事实上，数字化国际贸易已经经历了3个阶段，当前正处于向数字化贸易的商业操作系统转型的阶段，从贸易信息展示平台、贸易在线交易平台，到贸易产业链综合服务平台，正在努力提升数字化水平。

国际贸易数字化作为智能科技融合的产物，是时代演进的必然趋势。随着大数据技术和互联网技术的不断普及，全球经济一体化进程加快，贸易模式逐渐由传统贸易型转为数字贸易型。当前，人工智能已经全面渗透到贸易数字化的各个领域，国际贸易合作也逐渐从单纯的可信任贸易者向可信任的贸易方式转变。我国已初步建立了与国际接轨的跨境电子商务体系，亟须通过加快推进国际贸易数字化改革来提高贸易效率和质量。

在数字化赋能的推动下，中国跨境电商的进出口速度呈现出几何级数般的增长，为国际贸易数字化转型发展提供全新的机遇和动力。在多机贸易数字化时代，传统外贸企业要想获得竞争优势，必须加快推进自身向“智慧型”外贸公司转变。数字化转型对于国际贸易而言，仍有广泛的领域、更广阔的空间以及更深层次的潜力等待着挖掘与探索。

跨境贸易受到的影响不仅包括运输距离与基础设施，还包括边境事件。对于小型企业而言，货物流动可能会受到各种程序与海关法规的限制，这些限制可能会对企业自身发展造成重大影响。由于在出口前必须进行一系列复杂又严格的检查，因此需要耗费大量的精力去完成所有这些手续，所需的大量时间和资源，以满足文件的规定，有时候甚至是比关税等传统壁垒更大的贸易障碍。使用基础信息及通信技术简化程序能够帮助降低货物跨越边境的成本。电子数据交换和单一电子窗口是两个主要的工具，它们为数据交换和信息共享提供了强有力的支持和保障。电子数据交换允许通过电子方式传递贸易相关文件，单一电子窗口则更加广泛，允许所有贸易利益攸关方通过一个人境地点提供文件和其他信息来完成海关程序。

在处理国际贸易法律法规的广泛性和复杂性方面，技术发挥的作用越来越大。人工智能正应用于帮助企业处理合规问题（监管科技）。如以人工智能为基础的软件可以用于持续监测和分析规则变化，并且向客户提出建议以确保其合规。通过软件查阅上百万页的法规来完成这一任务，既节约了时间，又节省了资金。分布式总账技术能够帮助各国以一种更加有效、透明和安全的方式管理单一窗口。这种技术能够通过取消重复程序来简化海关手续、提高通关速度、降低通关成本和减少瞒骗，增加透明度和稽核性，同时加强不同机构、主管部门以及利益攸关方之间的协调，以促进跨境贸易的发展和繁荣。此外，智能合同的使用使某些进程可以自动化，如缴纳关税。

数字化技术能够节省用于海关程序的时间和资源。数字化已经证明能够大幅度降低贸易成本，但是低效率的海关程序仍然在妨碍贸易特别是制成品贸易。区块链等数字化新技术预示着与跨越边境相关的成本可以进一步降低。其最大潜力来自全球价值链相关贸易等时间敏感型货物流动。因为烦琐的海关程序对中小微企业特别不利，简化这些程序将能够帮助中小企业进入出口市场，否则其只能在国内市场上进行销售。最后，降低跨境成本对推动发展中国家的进出口潜力最大，因为这些国家的跨境成本最高。

三、信息与交易成本

与国际贸易伙伴开展长距离贸易很困难，因为很难找到关于潜在买家和卖家及其产品和产品质量的信息。同样，查明企业声誉、验证信息并执行合同也不容易。如果国际贸易成本很高，企业就无法利用不同市场之间的价格差异。因此，贸易不足可以体现为价格的跨度很大。有些研究项目重在发现技术推动贸易的潜力。研究发现，即便是通过移动电话等简单的数字化技术，更好地了解市场信息，也能够降低发展中国家的价格差异。

从事国际贸易离不开国际金融交易的数字化。目前，跨境交易几乎全部由银行通过当地代理银行处理。银行在企业对企业（B2B）和企业对消费者（B2C）交易中的跨境交易市场份额超过 95%。由于涉及广泛的监管合规框架，缺乏替代方案以及维持大型代理银行关系的成本，大型银行在该细分市场中占垄断地位。

在线平台的应用可以有效降低国际贸易中买卖双方的匹配成本，同时降低获取市场信息和向潜在客户提供信息的成本。因此，此类平台推动参与国际贸易数字化的程度甚至超过参与国内贸易，而且还提供了反馈和担保等机制改进消费者对在线卖家的信任。对企业来说，提供关于质量可靠信息的一个长期解决方案是以品牌的形式建立声誉。数字市场涉及数以千计的小企业，他们平时对潜在客户不太了解。因此，他们开发了以品牌为基础的声誉的替代机制，来解决关于质量和信任度的信息不对称问题。在此类机制中，最常见的是一种在线评分体系，买家和卖家的历史评分被张贴出来，未来的市场参加方可以看到。另一项关键应用是提供关于产品质量的信息。不仅有关于某一特定卖家的信息，评分系统可以告诉消费者在平台内可获得的最佳产品信息。

数字化新技术通过认证和原产地验证提供更好更便宜的方式来确保信任。供应链中利用物联网和分布式分类账技术（区块链）的电子可追溯系统为公司提供了证明产品来源和真实性的新方法。很多技术可以提高供应链透明度和防止伪造，应用范围从药品、奢侈品、钻石到电子产品。在国际贸易商品市场中，公司依靠分布式账本技术与智能标签相结合，追溯食品来源以及到达消费者之前所经过的环节。电子商务平台已经开发出其自己的支付体系以进行跨境电子商务交易。通过建立内部支付体系，电子商务平台能够便利货物和服务在其平台上的交换。他们规避了代理银行环节，这意味着可以更快速地操作交易且没有成本。这也意味着国际交易的效率几乎与国内相同。支付宝、亚马逊支付和PayPal是电子商务巨头或其分支机构支付体系的几个范例。

除了让国际贸易支付数字化的倡议外，分布式总账技术（如区块链）还能开辟贸易融资数字化的新前景。国际贸易融资包含一种信贷或担保操作，这意味着延时付款。在这个领域开展试验，旨在实现信贷和担保要素继续推进所需要的文件的数字化流动，进而通过一种数字方式将金融机构、出口商和进口商以及货物（在很多情形下是抵押品）联系在一起。

跨境支付系统的创新也对发展中国家和中小微企业产生了很大的影响。从确保安全交易的电子商务平台，到围绕传统支付系统的雄心勃勃的项目，这些新发展降低了跨境贸易的交易成本，这对于中小微企业来说比对大企业更重要，因为它们规模较小，在发展中国家更是如此，传统的银行和金融服务很少。

数字化新技术和在线平台降低了寻找国际贸易伙伴和获取相关市场信息的成本。他们还提供反馈和担保等机制，改进消费者对在线卖家的信任，进而解决与不同法律机构相关的合同执行问题。信息和交易成本的下降对发展中国家的企业来说具有特别大的潜力，这些公司往往获取信息和保证交易的成本更高。国际贸易数字化转型可以更容易地获取信息，减少面对面互动的需要。

第二节　国际贸易的数字化转型改变国际贸易模式

近几年，随着区块链、云计算等新兴数字技术的不断涌现，数字贸易业态呈现出信息化、数字化以及智能化的趋势，成为全球经济的重要发展方向，同时国际贸易数字化的发展与规则也成了各国博弈的核心议题。数字化转型和创新发展为国际贸易带来了发展的机遇，数字化已成为推动高水平开放和构建开放型世界经济的关键动力。

数字化技术的广泛应用将持续推动国际贸易的快速增长，同时数字化转型也将扩大全球生产与贸易的蛋糕规模，从而为各国经济带来利益，因此各国政府需要以更加积极与开放的态度对待数字经济。国际贸易数字化转型是一个渐进过程，它可以在不同时期采用不同方式。数字化转型对国际贸易的布局产生了一系列的深远影响，数字技术的广泛应用显著降低了发展中国家的贸易成本，同时促进了全球分工合作，为发展中国家参与全球价值链提供了更多机遇和机会。

数字化技术开始全球贸易格局进行塑造，它打破了时空的束缚和限制，使更多的国际服务贸易通过数字化方法直接交付，从而提高了传统服务的可贸易性，同时也扩大了国际贸易的发展范围。随着数字技术的不断创新和发展，全球经济将迎来更多全新的贸易模式和业态，这将为其发展起到巨大的助推作用。数字经济将成为未来国际贸易的主要形式，数字技术在国际贸易中发挥越来越大的作用。推进数字化经济快速发展，构建具备国际竞争力的数字产业集群，从实际意义上来说是构建现代化产业体系的关键环节。国际贸易数字化领域的科技、制度、模式以及业态的创新，有助于推动实体经济向数字化的转型，促进经济增长动能的转型升级，从而实现经济的高质量发展。国际贸易数字化创新发展的关键在于以市场主体为基础，激发广大中小企业的活力，从而推动新发展阶段的到来。数字化转型在国际贸易中的应用，打破了时间和空间的限制，提升了资源普惠化水平，为乡村振兴注入了新的动力，促进了区域协调发展，推动了共同富裕的实现。

数字化转型在构建以国内大循环为主体，以及国内国际双循环相互促进的背景下，为国际贸易注入了新的活力和动力，成为拓展国际贸易渠道和实现外贸高质量转型发展的重要策略。数字化已经成为国际贸易发展的主流趋势，因此在国家层面上，探索新的国际贸易模式也备受关注。2021 年 7 月，中华人民共和国国务院办公厅印发《关于加快发展外贸新业态新模式的意见》（国办发〔2021〕24 号），积极支持运用新技术新工具赋能外贸发展，提升传统外贸数字化水平，持续推动传统外贸转型升级①。近年来，随着我国对外贸易规模不断增长，贸易方式发生重大转变，国际贸易结构进一步优化升级，国际贸易与互联网技术深度融合，国际贸易进入“数字时代”。数字化时代的到来，使传统工业模式中企业和产品之间的竞争，开始转向平台和供应链之间的竞争。对于中小型工业企业而言，要

① 国务院办公厅关于加快发展外贸新业态新模式的意见[J]. 中国对外经济贸易文告，2021（40）：3-6.

想获得更高的利润，取得最大化收益，需要克服物流和仓储方面的障碍。随着市场需求的不断增长，跨境电商与海外仓相结合的商业模式应运而生。所谓跨境电商，就是将国外的商品直接销售到国内，并由本地供应商负责提供相关服务。在此模式下，海外买家先利用平台实现在线购买，接着通过本地化的海外仓储和物流系统在全球范围内的布局，实现货品的快速运输和配送，使跨境电子商务与海外仓储、物流有机结合起来，从而形成全新的供应链管理模式。借助规模化采购与集约物流的方法，有效降低采购成本与运输成本，同时为海外企业级买家节约了采购的周期，提升了购买的效率，还可以帮助企业规避出口退税风险，避免因海外仓库库存过高导致的资金积压问题。在“跨境电商 + 海外仓”的经营模式下，无论是客户的满意度还是客户的忠诚度，均得到显著提升，真正实现了供应链整合的价值最大化。国际行业数据量非常庞大，工厂、产品、客户多元化，传统线下外贸流程，每个合同都需要靠人工审核，可能会出现审核不及时或出现疏漏。伴随业务规模的扩大，数据的处理压力也会加大。在网上，所有合同条款都作为一个要素放在系统中，员工可根据客户具体需求确定相应条款，并形成不同的风险等级，自动触发不同的审批流程，审核通过后系统自动执行每一步流程，减少潜在风险，提高订单的执行效率。同时，将运维业务平台（以下简称 ETP）系统与海关、银行等进行对接，实现了全流程在线化，在提高效率的同时，成为公司转型升级的一大助力。

在未来数年中，我国将开启全面建设社会主义现代化国家新征程，迈向第二个百年奋斗目标的第一个五年，这也是全面实施“十四五”规划、抓住机遇，加速推进高质量发展的至关重要的五年。在此背景下，“互联网 +”成为众多行业转型升级的重要抓手之一。外贸企业应当充分利用国家政策红利，抓住数字化转型的发展机遇，借助数字化赋能，有效提升盈利能力与价值创造力，从而为构建国内外双循环新发展格局作出更为卓越的贡献。首先，提升数字化运营水平，夯实数字经济基础培养高素质数字化运营管理人才。需要培养具备数字化运营能力的多才多艺的人才，外贸企业想要实现可持续发展，必须建立数字化经营体系。在数字化转型过程中，外贸企业需要具备数字化运营思维的管理人才，以确保数字化运营管理的顺利进行。随着数字化转型的推进，外贸企业所面临的挑战不仅包括人员思想的转变，还涉及数字化培训和引进数字化专业人才等方面问题。外贸企业要根据自身实际情况，选择适合自己发展需求的人才培养模式，并将数字化转型作为重要内容纳入日常工作。为了拓展数字化人才来源渠道，外贸企业需要制定精准的人才引进策略，积极和高校开展合作，探索并建立外贸数字化研究和培训基地，不断加强数字化转型研究和人才培训。其次，推进外贸数字化应用示范工程。立足于外贸企业进出口的优势，面向国内外广阔市场，大力发展电子商务和数字化转型。总结优秀行业数字化转型的成功经验加以推广，发挥示范带动作用。最后，促进传统产业与电子商务融合。借助不同的方式努力引领传统制造业与贸易企业，不断向数字化转型，促进外贸行业在数字化转型与电子商务领域的深度融合以及全面发展。随着时间的推移，传统的对外贸易发展模式已经逐渐失去在市场上的竞争力，这为外贸企业数字化转型带来了时代机遇，促进传统产业与电子商务融合对推进外贸数字化转型的发展意义重大。

第五章 国际贸易数字化转型的对策

本章为国际贸易数字化转型的对策，分别从赋予国际贸易数字化，工业经济向数字经济过渡的统计制度创新，向数字经济时代的税收制度转型，国际贸易企业数字化的升级迭代，构建促进新技术发展的国际经贸新规则，五个方面介绍。

第一节 赋予国际贸易数字化

一、数字化赋能国际贸易全流程改造

国际贸易数字化主要是通过对数字技术的灵活运用，同时赋能与全面改造贸易的全流程，加快外贸企业的数字化转型，从而推动和促进国际贸易数字化的高质量发展。

国际贸易全流程包含贸易开发、贸易撮合、贸易执行和贸易服务等环节，如图 5-1-1 所示。随着信息技术和互联网技术不断地进步，国际贸易领域也开始逐步引入信息化和数字化方法来提高工作效率。由于国际贸易的周期长、流程多等特点，数字化的实现面临着相当大的挑战。当前，数字化应用水平尚待提高，然而随着物联网、区块链等数字技术的不断发展和广泛应用于国际贸易中，未来国际贸易流程必将迎来质的飞跃。

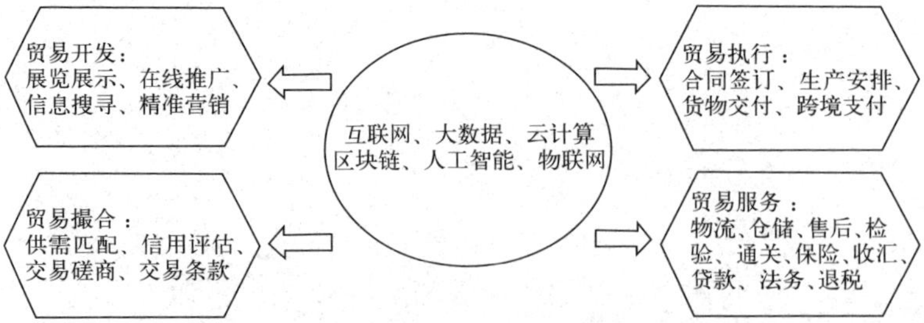

图 5-1-1 数字技术赋能国际贸易全流程

国际贸易数字化的显著特征之一是出现如亚马逊、优步、易趣、阿里巴巴等中介平台，尽管并非所有的数字贸易交易都必然涉及此类中介平台，但其对国内外经济和竞争格局的改变是显而易见的。[①] 国际贸易全流程一旦实现了实质性的突破，贸易机会将大大增加，贸易效率将显著提高，贸易流程将整体缩短，贸易成本也能明显降低，并且还能创造出新的贸易业态和模式。我国现今推行的国际贸易单一窗口等贸易便利措施，就本质而言就是数字技术的灵活运用。就像当年发明了集装箱和信用证一样，数字技术也将推进国际贸易数字化的进一步发展。随着数字信息技术在各行业中的广泛应用，国际贸易领域出现了很多全新的业务模式，包括跨境电商、国际快递以及跨境物流等，我们期待这些数字新技术能够带来突破性的进展，为贸易应用场景注入新的活力和变革，从而赋能国际贸易全流程。数字技术在国际贸易领域主要有以下 7 种应用场景。

第一，数字营销。数字营销主要是依托 PC 互联网和移动互联网平台，运用海外搜索引擎、社媒和社群等数字化方法进行全方位信息推广，以达到获取客户和宣传品牌的效果。为了在海外数字媒体上实现精准的内容创造、广告投放以及在线传播，“出海”企业应该精准定位和形象塑造，以达到最佳效果，从而建立自主品牌，提高营销效率，提升营销效果。

第二，外贸大数据。外贸大数据由各个国家的海关数据、展会数据等组成，通过数据清洗、数据搜索、数据挖掘和数据可视化技术形成数据终端。外贸企业利用智能外贸数据终端系统，在客户开发、客户维护、市场分析、价格定位等贸易环节实施基于大数据的国际贸易精准营销和精准分析决策。

第三，跨境电商。该应用场景是利用国内外第三方跨境电商平台和自建独立站实现全渠道、全时空、全场景的跨境销售，借助大数据和人工智能算法实现营销过程和营销决策的智能化，同时加强跨境电商产品设计能力和品牌运营能力，提升出口附加值。

第四，数字化的售后服务。数字化售后服务已成为国际贸易重要的业务之一。通过提高数字化交付比例，有效扩展数字化工具在售后服务领域的灵活应用，从

① 南开大学数字经济研究中心编写组．数字经济与中国[M]．天津：南开大学出版社，2021．

而增强远程端服务的能力、质量以及体验，同时优化线下服务效率，促进数字产业和服务产业的深度融合。

第五，数字化通关和数字化监管。该应用场景是利用数字化思维和技术进行海关通关平台和监管模式的创新，疏通传统方式繁、杂、多、乱、慢等痛点，推动国际贸易全链条单一窗口建设和智能通关系统建设，实现一键通关，提高通关效率与监管效率，降低通关成本，提升贸易便利化水平。

第六，数字支付和数字供应链金融。该应用场景是通过探索数字货币在跨境支付中的应用，构建数字人民币支付结算中心，发展第三方跨境支付平台，利用企业沉淀的供应链数据拓宽贸易融资渠道，缓解外贸中小企业融资难、融资渠道匮乏的困境。

第七，数字认证和外贸区块链。该应用场景表现为利用数字认证技术打造简单方便的身份认证系统和产品溯源系统，进行人员和产品信息的跟踪、查询、验证、防伪、溯源，降低沟通成本，创新区块链技术在传统贸易链条中的应用，将船公司、仓库、货代、港口、海关、出口商、进口商和银行等业务整合到贸易生态系统中，进而提升全球供应链效率。

二、数字营销："出海"新利器

营销无处不在。传统的营销方法聚焦在推广上，它利用各种林立户外的广告牌，极具冲击力和美感的橱窗海报，楼宇外、电梯间炫目的显示屏，公共交通工具宽大的车身、高频次的广播电视广告，各式各样精美的印刷品等完成商品展示，建立与潜在消费者的联系。其特点是在特定范围内实现信息的无差别单向触达，更多地起到广而告之的作用，具有限定性、无差异性、单向性。比如高速公路上的广告牌，它的作用范围是经过该路段的旅客；楼宇电梯间的显示屏，它的作用范围是乘坐该电梯的乘客；车载广播，它的作用范围是收听该频道的听众。所有受众接收到的信息都是同一内容、格式、频次、特点，无任何差异性，也就是千人一面。传统营销方法信息传播范围的限定性、无差异性、单向性，导致无法有效分辨受众中有多少真实的潜在买家，更无法把握买家的分布规律、喜好动态、关注重点，所以商家只能不断投入更多的资金，在更广的范围内进行营销，以期用更高的投入影响更多人，提高"命中率"。

传统模式下的营销核心逻辑是强调信息的更多触达。为触达更多人，商家就必须在人流量更多的地方、在受众面更广的大型媒体机构上投放更多广告，而受众面越广，营销费用就越高。由于信息是单向传播，缺少与消费者产生直接互动的通道，因此传统营销方法无法全面有效地获取消费者评价、用户实际转化率等关键数据，营销效果的评估就变得异常困难。这种情况下，高昂的营销费用支出可能就变成巨大的财务风险。

数字营销成为破解广告营销界“哥德巴赫猜想”的钥匙。基于大数据技术的搜索引擎营销、社媒营销、社群营销、外贸大数据营销，使企业在市场分析、产品推广、客户开发、客户维护、竞品监控、商务谈判、价格锚定、售后服务等营销全流程实现精准触达，让营销不再猜想。

（一）数字营销分类

1. 搜索引擎营销

搜索引擎营销的出现是互联网及互联网营销发展过程中的一个重要里程碑。门户网站和搜索引擎都是互联网发展变革的有力证明，从门户网站广告营销到搜索引擎营销的转变是互联网用户需求及习惯变化的生动写照。

搜索引擎的信息明显打破了时间、行业等限制，由以门户网站的运营者为主导转变为以搜索引擎用户为主导，这一转变意味着基于互联网的营销方式迎来重大变化。从门户网站到搜索引擎，都离不开互联网技术的快速发展和变革，技术层面支持宽领域、多需求、不同习惯的搜索方式，同样也离不开用户需求不断变化的促进作用，大量网民上网是从搜索引擎开始的。这一变化为搜索引擎营销的发展创造了极其有利的条件，使搜索引擎可以充分利用自身特点及优势达到广泛营销、灵活营销的目的。

初期的搜索引擎营销主要聚焦于网站或黄页推广，生动性、多样性不足，内容信息较为单一，无法进行有效互动。如果企业没有强辨识度和优质的公司网站，很难达到理想的吸引潜在客户的效果。随着互联网技术的进一步发展，图片广告、视频广告的运用更加频繁，搜索引擎营销的内容开始向更加生动、更加多样、更具辨识度迈进，各个公司的网站建设也进入新的发展阶段。对于用户而言，搜索引擎营销也开始具备更好的营销体验。

随着企业精准营销、主动营销意识的崛起，以及大数据技术广泛运用于各个领域，搜索引擎营销同样受到新事物的冲刷并不断吸收养分，向高质量发展。搜索引擎营销与大数据技术的结合可持续调整及优化营销动作，动态科学地评估营销效果，从而提高广告投放精准率，降低企业营销成本。

搜索引擎营销历经十几年的发展，仍可以在新时代焕发出新生机，一方面取决于其无可替代的广泛性应用场景和极其庞大的用户基数，另一方面取决于其对新技术的强适应性，技术的升级迭代虽然会给原有模式带来冲击，但同时也给搜索引擎营销带来更大的发展机遇。基于以上两点，相信搜索引擎营销在未来主流营销方式中仍会占据一席之地，与更多新技术、新渠道融合，为自身发展提供源源不断的前进动力。

搜索引擎营销是互联网大数据时代企业通过互联网开展数字营销的重要方法之一，和传统的线下营销方式相比，搜索引擎营销具有受众广、灵活性强、适应性强等特点。

一是受众广，目标群体来源多。搜索引擎检索是人们日常使用互联网时的高频场景，并且随着移动互联网的发展，搜索引擎应用场景被进一步拓展，任何人都可以随时随地使用搜索引擎检索信息，由此奠定了搜索引擎营销庞大的客源基础，提高了营销信息的覆盖面，提升了营销信息与目标群体的接触概率，进而拓展了信息的传播范围，加快了信息的传播速度，为营销信息的扩散和建立初步沟通创造了非常有利的条件。

二是灵活性强，有效提升营销效率。搜索引擎营销的灵活性主要体现在两个方面。其一，打破时空限制，时间、空间灵活。传统营销方式一般囿于固定场所和限定时间，有效营销时间短，获取有效客户效率低，外贸领域传统营销方式的空间更为受限。外贸领域的传统营销方式常见于实地拜访和展会营销，但无论实地拜访还是展会营销，都面临客观存在的各国之间空间距离远的问题。外贸企业在开展实地拜访或参加展会时，一般会安排固定时间在固定场所与有限的客户建立联系。由于空间、时间、财务等限制，企业营销效率较低。而搜索引擎营销可以借助互联网这一通道在短时间内迅速将信息传递出去，面向更多潜在客户和目标客户群体，无论何时、何地都有机会展开营销动作。所以，相同单位时间内搜索引擎营销的效率远高于传统营销方式。其二，策略调整灵活。传统营销方式对市场反应、市场信息的传递较为滞后，无法为企业营销策略的调整提供及时有效的信息。同样，企业策略调整后的市场反映情况，也无法在短时间内迅速反馈至企业形成信息闭环，企业持续进行策略调整和及时优化营销动作的难度较大。搜索引擎营销则可以通过运营过程中沉淀的数据分析用户行为习惯、定位需求偏好，帮助企业用数字化思维运筹帷幄，迅速、科学地调整营销策略，加快企业市场分析、精准营销的步伐。

三是适应性强，适应大时代营销环境和新时代成交习惯。在互联网这一大时代背景下，客户寻求合作和成交的习惯也在被时代改变，他们面对更多信息、选择和机会。搜索引擎营销比较符合人们在消费过程中先了解、再对比、后成交的习惯，且能够在每一个环节都将信息有效地传达给潜在客户群体，创造合作机会。在产品、服务、体验同等重要的新时代消费环境中，搜索引擎营销的强适应性能够不断焕发出新生机。智能手机的普及、移动互联网的发展、数据分析和使用意识的觉醒，让搜索引擎营销不断向快捷化、便利化、精准化的方向迭代。随着大数据营销、社媒营销、社群营销等营销方式的崛起，各种营销方式间的界限逐渐模糊，搜索引擎营销开始和其他新营销方式建立新组合，共同帮助企业实现更好的营销效果。

搜索引擎营销是企业数字化转型的可选项，近年来，国际贸易格局再次发生变化，线下交流受阻，作为线上“走出去”重要通道的搜索引擎，利用自身优势搭建起一座座内外贸易交流的桥梁。数字化转型是一个动态过程，数字化营销思维和工具随着技术、需求等因素的变化不断升级迭代。企业作为社会经济发展的重要单元，需要时刻保持开放的心态，解放思维、提升认知、积极创新，不断探索自身营销和发展的最优解；用数字化思维武装头脑，用数字化工具开辟道路，学习经验、总结规律、创新方法，选择营销最优组合，走最符合自身实际的特色发展之路。

2. 社媒营销

我们处在一个信息爆炸、技术涌流、知识创富的新时代。随着数字营销的出现，市场营销经历了一场翻天覆地的变革，品牌塑造的各类基础环境和各个传播链条都在迅速发生迭变，传统的市场营销模式逐渐无法适应如今的时代环境。企业亟须开发一种新型营销模式，为移动互联网时代的自身发展保驾护航。

在互联网时代，企业市场营销的关键是增强品牌的用户黏性。企业要打造优秀品牌，就应从消费者角度重新认识社媒营销。越来越多的企业开始注重社交网络并把它看作一种重要的营销工具。社交媒体营销是一种通过百科、社交网络等互联网平台，推动企业的营销、销售以及客户关系维护的方式之一。社交媒体的应用改变了以往过于依赖搜索引擎的网络营销模式，呈现出一种开放、共享的发展趋势。通过社交媒体营销，不仅可以直接将社交媒体上的用户流量转化为企业官方网站的流量，而且可以通过企业在社交媒体上的信息吸引与发展新用户，使企业能够通过社交媒体实现与潜在用户之间更为广泛的沟通，大幅提升所释放出的商业价值。社交媒体具有两个特点，一是人数众多、性价比高，且传播范围远而持久，能形成自发的“病毒式”传播，有效降低营销门槛；二是具有多样的渠道，可让粉丝以多种方式推广产品，促进精准营销。

在世界 70 多亿人口中，活跃在社交平台上的就有 30 亿人左右，其中约 17 亿人通过移动端刷社交网络。庞大且持续增长的社交平台用户规模，蕴藏着巨大的商业机会。① 那么，如何更好地通过社交媒体进行数字化营销呢？

首先，是给用户“画像”，熟知自己的用户。社交网络掌握了大量用户信息，仅在用户公开的数据中，就蕴藏着很大的价值。除了年龄、工作等一些基础信息，深入分析用户在平台上发布与分享的内容，能够相对精准地识别出他们的偏好、消费习惯等关键信息。随着移动互联网的蓬勃发展，越来越多的社交用户选择使用移动终端，移动互联网所带来的地理位置特性也将为营销策略带来一场深刻的变革。在争夺市场的时候，由于资源有限，为了提高成功的概率，企业就需要有效地评估自己，寻找最适合自己的策略。目标群体会影响具体的营销策略，只有确定了自己的营销目标，才能分辨目标用户主要活跃在哪些社交媒体平台上。社交媒体可以快速锁定参与品牌、产品、营销事件讨论的用户，进而获取这部分最活跃且最具价值用户的“画像”信息。如企业利用社交媒体吸引用户登录其官网，使访问者在其中选择接收一些有价值的东西，从而获得他们的联系方式等信息。通过对目标用户“画像”和地理位置的精准定向，社交网络广告的投放效果自然优于传统网络媒体。

① 邵宏华．贸易数字化 打造贸易新动能新业态新模式[M]．北京：机械工业出版社，2022．

其次，是通过数据再分析，对社交媒体平台广告投放预算做到精准再分配。如分析谁是我的目标受众、我的同品类有哪些优势和趋势、什么时候布局内容最合适、以什么样的频率发布内容、什么时候发布内容最理想，继而对平台预算分配有所计划，对主流内容传播形式进行调整，做好各个渠道的内容运营策略，并循环使用。

综合评价外贸企业常用的几大主流社媒平台。LinkedIn 是一个全球领先的职场社交平台，其高质量用户得到了业界的普遍认可。YouTube 是视频搜索和创作平台。Facebook 是一个比较受国外年轻人欢迎的社交平台。因此，企业用户使用社媒营销首先要识别不同平台的特点，关键是确定自己的目标群体主要活跃在哪些社交媒体平台上，在预算分配环节就要结合获取的数据做到精准投放。一个平台可重复发表相同的内容，结合数据分析和测试，不断改变目标内容策略，继而实现最佳效果，利用内容达到品牌曝光和效果转化的目的。

最后，是学会评估营销效果，为用户创造价值。只有学会评估营销效果，才能发现问题所在，为下一次制订计划提供优化方向，从而更快地实现目标。所以，针对每一场社交媒体活动设定一个衡量标准非常重要，这与营销目标息息相关。为了达到既定的社媒营销目标，必须在一个时间段内将其量化为具体的数字。

3. 社群营销

工业时代的商业模式是典型的“人找货”，当用户有需求时，就在搜索引擎平台或者电商平台上搜索想要的东西。数字化时代的商业模式是典型的“货找人”，基于口碑和社交关系，在直播平台上被“种草”，或身边的朋友用了不错推荐给用户。这种模式下建立的社群营销关系更为长久，黏性也更强，它的本质是链接资源。企业把人和人基于共同的兴趣爱好紧密相连，借助某种媒介汇聚人气，通过提供某一产品或者服务来满足群体不同需求，强调用户在终身方面的价值，同时注重用户的身份认同。如小米的成功就是构建在“米粉”之上，通过形成的社群，采集大量客户心得及“米粉”的产品建议。这些都成为产品开发的基础信息，能够确保新产品满足消费者的需求，以此增加企业与消费者的互动黏性，培养消费者重复消费的习惯。因此，企业不只要找到社群，更重要的是构建自己的社群，抓住用户，实现更大的价值。相比动辄上千万元投入的传统营销方式，社交媒体营销由于成本低廉和回报丰厚的优势，已成为众多企业所青睐的选择。

如今，社群营销已成为主要品牌制造商甚至个人品牌推广和营销的主要方法之一。社群营销的平台很广，社交媒体平台、线上论坛、微博、微信、QQ群、贴吧，乃至线下的社区等，都可以成为社群营销的平台。而社群营销的精准性和客户黏性也为许多企业找到更多可行的营销方案，使其从“茫茫人海”转向了“特定社群”，将“硬广”变为“软广”，不仅节省了成本，而且带来了众多忠诚客户。

那么，社媒营销与社群营销到底有什么区别和联系呢?

在中文里，“社媒”与“社群”两个词语都姓“社”，听起来很像，容易混为一谈。“社媒”对应的英文是“social media“，而“社群”对应的英文是“social community”，也就是一群享有某个或某些共同特征并在特定领域内存在广泛社交关系的群体。社媒运营侧重于吸引流量，为了强化宣传效果，采用了一种流量思维的策略，即通过广告传播让1万人观看，其中1 000人关注，最后有10人购买。在这个过程中，品牌要做好与受众之间的沟通，并建立起一个有效的社群结构。社群营销的核心理念在于通过提供卓越的产品与服务体验，赢得用户的高度评价和信任，更加偏向于实现转化与留存。社群营销属于用户主导思维，看重的不是一次性交易，而是持续复购，企业与用户之间一旦建立起信任和口碑，就会形成稳固的产品销售渠道。

企业之间的竞争越来越激烈，目标人群的消费需求也在不断升级，社群营销有着不可替代的优势，如成本低、收益高、营销用户精准、口碑传播快、沉淀粉丝量多等。因此，企业需要高度重视社群营销，着力打造多层次的用户社群，积极收集客户评论和意见反馈，通过会员制与客户建立长期稳定的关系，从而实现用户与社群的相互赋能，增加用户黏性，提高客户忠诚度，并使之产生裂变，不断带来利润效应，形成良性循环。

（二）数字营销与国际贸易的关系

数字营销并非一种全新的概念，它最初是门户网站上相对粗放的手工作坊阶段，如广告、搜索营销等，在数字技术的影响下逐渐演变为数字化、信息化的营销方法。以内容营销、网络社交媒体营销等为主要代表，数字营销通过对各类数据信息的采集与分析处理，以数字化渠道对产品与服务的进行精准化的营销，与此同时也能够运用量化评估的方法来了解和掌握营销的最终效果。数字营销注重于挖掘、处理以及分析海量数据信息，以深入了解掌握客户信息和不同需求，为客户提供个性化和定制化的营销方案，从而提高营销效率与质量，与其他陈旧的营销方式相比具有更高的优势。

基于互联网视域下解读数字营销的特点，可以归纳为以下三点：第一，移动化。当前，国内外移动设备均已广泛普及，4G、5G 网络覆盖率不断增加，衍生诸多新的网络平台和程序，如抖音、淘宝、微信等。互联网用户数量十分庞大，通过用户数据信息深入分析，继而合理确立数字营销方案和策略，并结合不同用户群投放差异化、针对性的广告内容，可以降低不必要的资金支出，且营销效果较为理想；第二，互动化。数字营销依托互联网技术和平台，互联网本身的互动性特点使数字营销可以深化企业与客户的沟通、交流和互动。企业可以借助互联网的互动性特点，引导广大客户参与产品研发和决策，使客户有机会参与产品设计和营销，更好地满足用户的定制化需求，提高产品的营销效果与客户的满意度。此外，体现出互动性特点的数字营销可以使企业深入了解客户需求、产品信息，提高企业营销决策的科学性、合理性；第三，精准化。互联网视域下，数字营销精准化特点主要体现在客户数据分析层面，且结合分析结果进行客户群细化分割，形成具有针对性的数字营销策略。

数字营销是利用数字技术和互联网的方式进行生产、分配和消费的经济活动。在国际贸易中，数字营销发挥着越来越重要的作用，对国际贸易的影响也越来越明显。

数字营销的发展，通过创新性地应用数字技术和互联网，使得贸易流程更加高效便捷，贸易成本更低。如通过电子商务平台和在线支付等工具，消费者可以直接在家中购物并支付货款，这一过程只需要简单地点击鼠标或触摸屏幕。相比于传统的跨境贸易模式，这种数字贸易模式更加快速和安全。数字营销的发展，促进了全球供应链的重新构建，推动了跨境电商、云计算、物联网等新型贸易模式的发展，改变了贸易结构，加强了服务贸易的发展。如亚马逊等跨境电商平台在全球各地开展业务，促进了各国商品的贸易，并扩大了贸易规模。

数字营销的发展，使得国际贸易的监管、风险控制和数据分析等方面更加精准和高效，从而提高了国际贸易的质量和效率。如数字营销可以提供更加准确的数据分析，使得企业可以更好地了解市场需求和趋势，并根据这些信息制定更加精准的营销策略。数字经济的发展，推动了国际贸易数字化的进程，加强了跨境电商、云计算、物联网等数字贸易模式的发展，提高了贸易的普惠性和包容性。如数字化技术可以实现跨境支付和金融服务，这使得全球贸易更加便捷和高效，并促进了国际贸易的平衡和发展。数字营销的发展，加强了国际贸易的合作和协调，促进了各国之间的经济联系和交流。如数字营销为跨境合作提供了更加便捷和高效的渠道，推动了跨境贸易的发展和全球产业链的协同发展。

总上所述，数字营销在国际贸易中的作用和影响日益增大，为国际贸易的发展带来了新的机遇和挑战。随着数字营销的不断发展，它将继续推动国际贸易的转型升级和创新发展。

第二节　工业经济向数字经济过渡的统计制度创新

随着新一轮科技革命和产业革命的孕育爆发，国际贸易数字化作为一种新产业、新业态应运而生、蓬勃发展，深刻改变着世界经济的发展动力、发展方式，重塑社会治理格局，数字化治理已成为各国治国理政的基本方式。国际贸易数字化转型加速了经济社会活动的数字化、网络化和智能化变革进程，也让数字经济的内涵和边界不断延伸，由此给数字经济统计带来新需求。只有与时俱进，加快统计体系变革，构建国际贸易数字化的统计监测和评价体系，才能为更好地度量数字化转型提供定量依据。

当前正处于国际贸易数字化改造提升旧动能、培育壮大新动能的发展关键期，数字经济的统计与测度任重而道远。数字技术在经济社会各领域的广泛渗透和深度融合，加快了产业数字化进程，对传统的国民经济核算体系产生了深刻影响，加快统计制度创新已势在必行。当前的统计制度主要构建在选点抽样、定时上报、汇总推断的基础上，样本量相对比较有限、数据时滞性较强、统计成本较高，统计结果在一定程度上可能受到人为因素的干扰。近年来，数字技术的广泛应用，让用户的在线行为数据得以实时记录和留存，让微观市场主体的经济活动通过线上完成，由此积累起海量、多维、实时的微观主体数据资源，我国已成为名副其实的数据大国。这大大拓宽了统计部门的数据来源，与现有抽样数据形成互补，显著增强了统计数据的多维性、及时性和准确性，让实时统计经济社会运行状况成为可能；同时大数据技术进一步推动了统计理念、分析方法及处理工具的重大变革，为解放和发展统计生产力、提升统计工作现代化水平提供了有力支撑。

国际贸易数字化在数字经济的影响下快速发展，国际社会对数字经济测度与统计的探索已取得初步成果，建议在相互借鉴的基础上，立足于科学合理、国际可比、逐步拓展，加快构建由工业经济向数字经济过渡的统计制度体系。

一是率先对数字经济统计测度方法达成共识。目前国际社会对数字经济的测度探索众多，但既缺乏成熟的操作框架，又对统计和测度的方法论也各有不同，这导致测度结果缺乏可比性。笔者建议基于近年来各研究机构不同方面的探索和研究结果，率先就数字经济的基本概念、范围、分类标准体系、统计和测度的理论基础等关键点达成共识，统一数字经济基础部分的概念和范围形成国际可比口径；对数字经济的融合部分提出一些原则性的指南，不作统一规定，允许数字经济的定义随着时间的推移改变其所包含的特性。通过对数字经济内涵和测度方法的基本统一，客观描述各国数字经济运行的新特征、新变化和新规律，为研判数字经济形势、厘清数字经济发展方向提供可靠的数据参考和信息支撑。要大力开展数字贸易统计制度的创新与探索，有针对性地补上统计领域短板，尤其要加快健全新产业、新业态、新商业模式等新动能统计，客观反映结构优化升级的进展。

二是建立数字经济统计监测和评价指标体系。数字革命对传统的经济统计和国民核算体系产生了重大影响，也深刻影响了统计的生产流程和生产方式。建议除了核算数字经济增加值之外，建立一个包括数字化接入、应用、创新、产出、影响等维度的综合指标体系，以反映数字化转型的全方位影响。要加强数字经济测度和评估的理论研究，将数字经济的测度建立在严谨科学的理论框架之下，在现有国内外研究基础之上，提出具有中国特色并符合中国实际情况的理论框架和测度思路。要进一步拓展国际合作范围，建立数字经济跨机构、跨区域委员会协调机制，加快开展数字经济相关统计调查，保障一手数据、核心数据的长期采集机制，避免数据质量受到数据来源不稳定等因素的影响，提高数据质量真实性。要在充分利用现有统计数据的基础上，在保证数据质量的前提下，兼顾反映市场活力的行业数据和网络抓取的互联网大数据，创新数据来源，提升统计指标体系的国际可比性。

三是加强政府统计与互联网平台企业等的合作与数据共享。积极利用网络爬虫等技术，拓展数字经济统计的数据来源。完善相关法律基础，实现政府、企业数据的互联、共享。加强与互联网企业的合作，充分利用基于互联网数据的统计产品，如挖掘机指数、网络价格指数、“互联网+”指数、公路物流指数等，全方位、多角度反映经济社会发展情况。在目前核算实践的数据来源中，微观调查具有时效性低、调查成本高等局限性，而商业数据往往由于商业机密的保护难以获得权限。因此，可以考虑基于区块链技术构建具有匿名、防篡改的分布式统计核算体系，通过去中心化的分布式账本匿名记录大数据交易予以统计，借助数字经济的信息化优势形成链式中国数字经济卫星账户，从而实现对数字经济高频、高效、准确的统计核算。

第三节　向数字经济时代的税收制度转型

一、数字经济对税制的影响

现行的税制体系是伴随着工业社会的发展而逐步建立起来的，包括对企业和个人征收的企业所得税、个人所得税和社会保障税（费）；在商品、服务的生产和流通环节普遍征收的增值税（按增值额多环节征收）或零售税（在最终消费环节按销售额征收），以及选择部分商品（如烟、酒、成品油）选择性征收的流转税；对财产或财产交易征收的财产税。数字经济的发展改变了生产的组织方式和生产与消费之间的空间布局，生产要素的分布及生产与消费的空间布局对现行税制和国际税收规则产生了重大影响。

（一）数字经济对现行税制的基本影响

1. 企业边界的扩张与实体存在的弱化

就税收制度而言，国际贸易数字化的发展导致以生产要素在地理空间上集聚并采用科层制管理为特征的工业时代的企业，正在逐步被“没有任何重大实体存在”而又能广泛参与不同“税收管辖区”经济活动的大型网络平台所替代；生产、批发、零售各环节以及产业、行业之间的界限日益模糊，最终消费者与货物和服务提供者之间的空间距离不断扩大。这对以实体方式存在的企业及其分支机构为主要征税对象，按行业和区域划分税收的现行企业所得税、增值税和一国内部各行政辖区及国家间的税收利益分配产生了重大影响。

2. 生产资料的构成形态

国际贸易数字化的发展在深刻影响生产组织方式和劳动就业形态的同时，也对生产资料的构成形态产生了重大影响。在工业经济时代，科学技术的持续进步成为推动生产发展和经济增长的主要动力，但受到交易条件等因素的制约，技术的价值不仅通过知识产权等无形资产的形态存在，在生产领域更多地通过以机器设备为主的有形生产资料的形态存在。国际贸易数字化以及自动化、智能化的发展不仅导致软件（代码）等无形资产在生产中的重要性不断提高，知识产权、特许权使用费等资产与有形资产进一步区隔和剥离的趋势也日益明显。随着经济的发展和人均收入的增加，服务消费在最终消费中的比重逐步提高，需求结构的深刻变化也使得无形资产在价值创造中的作用进一步提高。

（二）数字经济发展对中央与地方税收分配的冲击

随着国际贸易数字化发展和电子商务交易额的不断提高，电子商务企业和电子商务消费者区域分离的趋势日益明显。电子商务交易可以以较低的成本实现全国市场的覆盖，这与传统批发和零售企业的交易半径较小，通常局限在特定行政区域的情况有很大差异。

在我国，在增值税作为中央和地方共享税的体制下，国内电子商务的发展同样会对现行的分税制财政体制造成冲击。随着与消费者数量和消费能力匹配的区域性批发和零售企业逐步被远程电子商务企业替代，按照属地管理方式征收的增值税会向电子商务企业聚集的区域集中。在B2C领域，目前已形成阿里巴巴、京东等少数几个大的电商平台。电子商务的发展和极高的行业集中度加剧了区域间税源分布的不均衡。国际贸易数字化的发展对生产要素和价值链空间布局的影响同样也会对国内增值税的税源划分产生重大影响。

（三）数字经济发展对国际税收规则的冲击

国际贸易数字化发展带来的生产地与消费地的分离也使得建立在工业社会税制基础上的区域之间税源划分面临着严峻挑战。如果说，数字经济发展对一个国家（税收管辖区）内部的影响可以通过税制改革、支出政策和政府间转移支付的调整予以应对，但当这种影响超越了税收管辖区的边界则需要调整现行的国际税收规则。

在所得税领域，国际贸易数字化的发展导致跨国公司对全球价值链布局进行重新调整，大型科技公司利用知识产权等无形资产在低税地设立利润中心，没有重大实体存在的企业直接跨境提供数字化产品和服务，大型网络平台在全球范围提供免费服务并通过搜集和利用用户信息获取在线广告收入，这些都带来了利润实现地与经济活动发生地和价值创造地的背离。在间接税领域，跨境电子商务带来的低价值货物进口、数字化产品和服务的直接跨境交易对以企业及其常设机构为征税对象的增值税（货物劳务税）、零售税、消费税、关税的征收带来了冲击，跨境贸易的间接税制调整也迫在眉睫。

现行税制及其征管模式调整的相对滞后也产生了传统工业经济与数字经济之间税负的差异，而这种差异反映在国家层面则表现为数字经济发展程度不同的国家对相关领域税制改革，尤其是国际税收规则调整的立场、倾向和政策主张的差异，这是工业经济向数字经济转型过程中税制改革和全球税制与征管协调需要面对的基本问题。

二、数字经济时代税制转型的原则和措施

（一）数字经济时代税制转型的原则

就税收制度而言，近年来国际贸易的数字化和数字经济迅猛发展，电子商务和平台经济发展带来的贸易区域税源分布不均衡的问题逐步显现。针对上述问题，国际贸易适应数字经济时代的税制转型要坚持以下基本原则。

第一，坚持税收“中立性”和“包容审慎”的原则。以数字经济为代表的新经济，尤其是自动化、人工智能、区块链等技术变革将对所有行业产生影响，在“数字经济日渐成为经济本身”的情况下，难以从税收的角度有效区分数字经济和其他经济形式，同时考虑到税制公平和平稳过渡的需要，应重视税收的“中立性”原则，即确保税收对工业经济和数字经济的中性对待。同时，对经济数字化转型对原有税收制度的冲击，应采取“包容审慎”的原则，在坚持税收实质性公

平的同时，如对跨境电子商务税收等政策进行适时调整。

第二，以税收征管数字化驱动税制改革。数字化转型为税务机关搜集利用涉税信息和优化征管流程提供了革命性的技术方法，应大力推动税收征管数字化与经济数字化同步发展，在大幅提高税收征收率和降低税制运行成本的同时推进现行税制的持续优化。最终争取在税收征管数字化的基础上率先建立高效、简化、更为公平且具有国际竞争力的数字经济税制体系。

第三，以开放包容、合作共赢为原则推动国际合作。参与税基侵蚀和利润转移（BEPS）包容性框架的国家和税收管辖区，围绕应对数字经济带来的税收挑战，正在致力于形成全球性税收解决方案。在税基侵蚀和利润转移包容性框架下积极参与应对数字经济挑战，推进国际税收体系现代化的国际合作，在尊重各国按照本国国情行使税收主权的同时，落实、深化已经达成的各项共识和行动计划，按照经济活动发生地和价值创造地征税的原则切实维护发展中国家的税收利益，致力于达成以促进公平竞争和税收利益公平分配为目标的全球一致性税收解决方案。

（二）促进数字经济时代税制转型的措施

国际贸易是世界各个国家（或地区）在商品和劳务等方面进行的交换活动。它是各国（或地区）在国际分工的基础上相互联系的主要形式，反映了世界各国（或地区）在经济上的相互依赖关系，是由各国对外贸易的总和构成的。从一个国家的角度看国际贸易就是对外贸易。

基于国际贸易数字化新业态经营者作为服务主体的客观事实，可以考虑增设专项申报内容，在收发货人、报关企业两类主体之外，为跨境电商、市场采购和外综服企业增加“外贸服务人”专门栏目，并在条件允许时对服务费用单列申报甚至单独计税，采用有别于普通收发货人的税收政策。如将来可以对货物和服务费用分别计税，出口货物也可以对货物价值和服务费用分别设置出口退税率。增设专项申报项目，还有助于明确各外贸参与主体特别是外贸服务商的法律责任，实现权责平衡。跨境交易内贸化、多重交易主体和支付凭证缺失等情况对传统的完税价格确定方法带来了挑战和冲击。为制定适应新业态实践的完税价格确定机制，应将国内税和跨境税作为一个整体进行综合考量，突破单纯的完税价格物理关境边界，根据交易实际确定新的边界，合理划定成交价格、服务费用计入标准，寻找妥善办法，既不留下税收漏洞，又不额外增加企业负担。如可考虑将跨境电商零售进口的境内段费用不计入完税价格，减轻企业负担。

国际贸易数字化新业态脱胎于国际贸易旧土壤，在税制方面难免有不适应的地方，应着力改变税制滞后于外贸新业态发展实践的局面。一方面，要确保涵盖更多适格纳税人，围绕外贸新业态热点难点，由商务、税务和海关等部门建立外贸新业态部际协调机制，制定简易可行的适格企业认定办法，让新业态外贸人能具有相应身份，方便适用专项税收政策。另一方面，扩大适用商品和限值范围。如在跨境电商方面，应持续优化零售进口清单范围，涵盖消费者需求旺盛的商品；同时，可根据跨境电商发展情况，适时调整单个消费者购买限值。

在工业经济向数字经济的过渡时期，世界各国都面临着现行税制和国际贸易税收规则调整乃至重构的任务。我国作为肩负着传统产业转型升级和数字化双重任务的发展中大国，也要同步推进税制的现代化与数字化。未来，应从以下三个方面进一步推进适应数字经济时代的税制转型。

第一，要深入开展数字经济对税收制度影响的研究。结合数字经济时代经济运行的特征，就业结构与收入分配格局的变化，对适应数字经济的税制模式和税制改革进行前瞻性系统研究。

第二，根据数字经济运行的特征，优化中央与地方税收划分。针对数字经济发展对区域税收分配的影响，结合中央与地方政府间财政关系调整和地方税体系建设，研究完善增值税、企业所得税等税种的收入在区域间的划分规则。

第三，进一步加强国际合作，在国际税收规则调整中切实维护我国及发展中国家的税收利益。在目前 BEPS 包容性框架下积极参与推进国际税收体系现代化的同时，应高度重视相关规则调整对我国利益的影响，适时提出相关领域的“中国方案”。数字经济对发展中国家既是挑战，又是机遇。国际社会不仅要帮助发展中国家完善数字经济的基础设施，而且也要在推进国际税收体系现代化进程中，按照经济活动发生地和价值创造地征税的原则切实维护发展中国家的税收利益。此外，国际社会还应着重帮助发展中国家税务机关提高应用数字技术的方法和能力，推动税收征管的数字化发展。

第四节　国际贸易企业数字化的升级迭代

一、国际贸易企业数字化迭代升级的“痛点”

近年来，国际贸易保护主义抬头，经济全球化遭遇逆流，尤其是2020年以来，新型冠状病毒感染限制了各国人员正常流动，海外市场开拓变得困难，出口订单短期内出现萎缩，国际贸易保护呈现加剧趋势，导致国际贸易企业数字化的转型升级困难重重。

企业数字化转型是一项艰巨而系统的工作，从某种意义上说需要“小步快跑＋快速迭代”，而不是想当然地“一蹴而就＋水到渠成”。数字化转型涉及各产业、全流程，包括设计、研发、生产、制造、物流、服务等全链条。虽然新技术的不断涌现大大加速了数字化进程，但由于多种因素，如技术、人员、资金、组织、环境等，依然影响和制约着企业的行动，因此还需要企业从自身实际出发，在数字化转型时做到“内外兼修”，用“向外转”重塑价值链，用“向内转”打造新范式。

国际贸易企业数字化转型路上有无数的难、堵、痛，归纳起来体现在“不敢转、不想转、不能转”。造成这一局面的原因有很多，概括起来主要有以下八点。

第一，技术系统与企业自身匹配度不够。大部分国际贸易企业尚处在数字化转型的初级阶段，如购置办公自动化（OA）系统、企业资源计划（ERP）系统等。虽然企业有意识地用数字化手段渗透日常运营办公，但这些系统所提供的功能与企业自身实际情况的匹配度尚待加强。

第二，员工管理系统、供应链管理系统等因生产厂商不同，时常出现无法联通的问题，影响企业各部门间的信息传递。而企业通过自主研发的方式开发数字化系统，难度很大，需要在资金、人才、技术等方面进行大量投入，短期内并不是最优选择。

第三，企业负责人尚未完全厘清新技术将给自己所在的行业带来什么影响，所以不敢贸然投资。当前，对区块链、物联网等新技术进行投资的企业并不多。这些新技术在行业中的应用都处在摸索阶段，选择何种数字化转型路径是国际贸易企业数字化进程能否顺利推进的关键问题之一。

第四，企业数字化转型资金不足。由于对数字化转型的投资在短期内无法见到明显成效，降低了国际贸易企业数字化投资的意愿。

第五，在组织上存在人才不足的问题。主要缺失两种人才分别是懂得数据分析的专业人才和能给国际贸易企业数字化转型搭建框架的人才。前者的缺失源于企业本身未具备足够多的数据，或分析数据的方式尚未转型。而后者本身在市场上就极度缺乏，想要从他处挖得这样的人才，需要付出高昂的代价。

第六，国际贸易企业没有完整、稳定的标准用来收集生产经营中产生的数据。在这种情况下，国际贸易企业首先要做的并不是对纷杂的数据进行分析，而是要“清洗”数据，并根据自身的需要，按统一的标准收集新数据。

第七，大数据时代数据采集和沉淀的模式与以往不同。其突出的特点是全样本、忽略因果、效率至上，而这些新特点给国际贸易企业的数据分析带来了巨大挑战。

第八，外部冲击不断，马太效应（强者愈强、弱者愈弱）凸显。公共卫生事件沿着国内价值链和全球价值链蔓延，通过蝴蝶效应和瀑布效应放大国际贸易风险，导致外部环境严峻。相对而言，大的国际贸易企业具有更强的抗突发风险能力，拥有更多资金投资于自身经营和业务的升级，从而在经济寒冬过后能更快地恢复活力并占据更大的市场份额。

二、国际贸易企业数字化迭代升级的“良方”

在国际贸易企业中，从事生产的占比稍高，还有一些从事综合服务的国际贸易企业或流通商。从事制造业的国际贸易企业面对很多细分行业，因此制造业国际贸易企业根据所属细分行业性质厘清自己行业内数字化转型的思路就显得尤其重要。而对于从事服务、流通的国际贸易企业来说，通过数字化转型更快、更好地服务客户，成为维系生存发展的关键招数。针对国际贸易企业数字化转型遇到的难点、堵点和痛点，在此从技术、组织和环境 3 个层面给出解决方案。

（一）技术层面的解决方案

1. 把握数字化转型的“火候”和进度

信息系统到底是外采还是自研，应根据企业具体情况来定。在国际贸易企业转型初期，质量与价格往往不能兼得。从第三方服务商手中购买系统固然便宜，但要考虑多个系统之间是否兼容以及系统结构是否与企业相匹配的问题。国际贸易企业自主开发平台可能最贴合自身需求，但也会带来高额成本和技术障碍。因此，企业需在资源分配上遵循适度原则。

对于中小型国际贸易企业来说，在资金有限、利润尚未稳定时，可先选择外购较为便宜的系统来维持日常运营。在选择上，除了价格因素，各系统的兼容性也要优先考虑。待国际贸易企业发展到一定规模、资金实力比较雄厚、现金流愈发稳定时，便可试着投入资金研发贴合自身特点的平台。对于企业来说，数字化转型是必然趋势，现在投入资源能够增强未来的竞争力。但数字化转型不是一锤子买卖，要跟随国际贸易企业的发展而发展，太过超前或太过落后都不利于企业成长。

2. 针对不同行业对症下药

从事生产的国际贸易企业可具体分属原料行业、装备行业、终端消费品行业等，其中装备行业可再细分为专用设备和通用设备，终端消费品可再细分为食品医药类、个性类和工具类。当落实到某一家企业时，因其实际情况、发展阶段不同，所需要的数字化方案也会不同。不过，同一行业中存在数字化转型的脉络主干，把握好了，国际贸易企业就能在数字化转型的道路上少走弯路。

（1）原料行业的国际贸易企业

利用数字化方法提升资源效率。原料行业的特点是需求量大、大批量制造，具有规模效应，在效率上稍有改善就能显著提升价值。

原料行业的国际贸易企业在采购、计划、制造、交付中和生产设备产生关联，利用数据找出资源浪费的地方。由于单位时间内生产产品量大，停产会造成较大损失，因此尽量避免生产设备出现问题而导致整个流水线停摆，在预测性维护中，通过提前监控减少损失。通过对物流的智能化管控，实现物流各环节精细化、动态化、可视化管理，帮助国际贸易企业更好地控制生产销售流程周期，提升资源效率。

（2）专用设备行业的国际贸易企业

在项目管理上实现数字化转型。根据专用设备行业特点，产品按照买家要求设计定制，一般同一批次只生产一种产品，产品本身不具有迁移性，行业不具有规模效应。

专用设备行业企业的痛点在于设计效率不高。国际贸易企业通过对整个项目进行数字化管理，能够打通客户、设计师、工厂三者的信息互联，大幅提升设计效率及生产周期。另外，专用设备中有一部分属于高端设备，对运行维护要求高，设备生产者除了负责生产，还需要提供后续的维护服务。通过物联网，国际贸易企业可使设备联网，远程检测设备状态，降低运维成本，提升服务品质。

（3）通用设备行业的国际贸易企业

效率与个性兼顾。通用设备具有通用性，设计完成后，生产批次较多，本身具有规模效应。

可参考原料行业，在整个生产流程中通过数据分析发现问题，打通从设计到运维的环节，提升效率。此外，随着经济不断发展，个性化需求开始显现，未来趋势很可能发生变化，即批量会越来越小，买家对产品设计提出特别的要求。因此，通用设备生产商或者国际贸易企业也需未雨绸缪，向专用设备厂商学习，运用数字化方法连接设计师、买家和工厂，将运营和产品合二为一。

（4）食品医药类终端消费品行业的国际贸易企业

供应链可视化追踪，实现产品溯源。食品安全和用药安全，分别关乎品质和生命。国际贸易企业通过数字化实现产品溯源，使每一个环节可追溯，不仅能增强消费者购买和使用的信心，而且可为国民健康加上一道保险。

（5）个性类终端消费品行业的国际贸易企业

反向定制，运用新零售模式。如家具、服装等行业，用户的个性化需求旺盛。国际贸易企业可搭建平台，连接消费者和代工厂，根据用户需求定制产品。此外，消费品行业能通过大量的交易数据发现客户的痛点，从而反向定制，指导企业的研发和生产。

个性类终端消费品还可以借助直播带货模式，具体有两个作用，一是通过给予优惠措施，快速清库存、回笼资金，二是吸引客户群，相比以往的地推等营销模式更加高效。

（6）工具类终端消费品行业的国际贸易企业

打造生态圈，增加产品附加价值。如汽车、手机等产品，虽然也有个性化需求，但基于产品本身售价较高，生产力水平还不足以培养出大量的有这方面个性化需求并能支付费用的消费者。而这一类国际贸易企业要想增强竞争力，除在硬件上加强本领外，还需通过软件服务增加产品附加价值。

可以借鉴苹果和华为，这些企业不仅生产制作手机，而且打造自己的生态圈。众多第三方软件在这个生态圈中栖息，也极大地增加了用户黏性和产品吸引力。

(7) 服务、流通行业的国际贸易企业

搭建综合服务平台，用服务留住顾客。面对不同国度、不同文化、不同政策之间的交易，过程复杂，费时费力。这时就需要从事综合服务的国际贸易企业来为生产型企业排忧解难。这类国际贸易企业的价值就在于尽可能帮助客户解决通关、退税、结算、物流、金融等流程的进出口环节问题。谁能提供最人性化、最快捷的服务，谁就能在这一行业之中拔得头筹。

鉴于这一先决条件，各服务类国际贸易企业可通过数字化转型打造综合服务类平台，让客户在一个平台上就能看到所有需要的信息，同时也能通过平台为客户提供各国的贸易信息，不仅帮助客户省时省力，而且有助于客户抓住开拓新兴市场的时机。

（二）组织层面的解决方案

1. 供应链金融助力企业解决资金问题

资金流是维持国际贸易企业生存的必要条件，在数字化时代，国际贸易企业除了利用数字化平台链接更多用户、拓宽销售渠道，还应考虑借助供应链金融解决资金问题。供应链金融是指银行向客户（核心企业）提供融资和其他结算、理财服务，同时向这些客户的供应商提供贷款及时到账的便利服务，或者向其分销商提供预付款代付及存货融资服务。供应链金融为中小国际贸易企业融资的技术瓶颈提供了解决方案，中小企业信贷市场不再可望而不可即。而企业与企业间财务、交易等单据的电子化、数字化，是确保企业享受供应链金融服务的重要因素。

2. 产、学、研结合，加强政府引导

对于复合型人才缺失问题，首先建议国际贸易企业加强与高校合作：一方面，高校可获得行业最新动态，给学生增加实践机会，弥补短板；另一方面，国际贸易企业也能获得符合自己实际需求的专业人才。政府可以引导高校、国际贸易企业加强复合型人才的培养。通过鼓励高校开设拓展性课程，或采取实验班模式，尽可能让学生大量接触交叉专业，做到融会贯通；积极推进企业和高校合作，给学生提供更多社会实践机会，更好地培养与企业需求匹配的数字化人才。

3. 加强学习，消除本领恐慌

在数字化转型过程中，一些国际贸易企业负责人处于本领恐慌状态，面对新形势、新环境、新任务和新目标的挑战，担心自身素质不能适应。这种恐慌来源于其对新时代快速变化的不适应，包括技术的革新与国际环境的动荡；也来源于对数字化缺少足够的了解和认识。只有加强学习，才能增强工作的科学性、预见性、主动性，才能使管理和决策体现时代性、把握规律性、富于创造性，避免陷入少知而迷、不知而盲、无知而乱的困境。只有如此，才能消除本领不足、本领恐慌、本领落后的障碍。

（三）环境层面的解决方案

1. 扩大内需，以国内大循环为主体

加快形成以国内大循环为主体、国内国际双循环相互促进的新发展格局。相比国内市场，过去很多国际贸易企业选择开拓国外市场。然而，我国是少数从新型冠状病毒感染冲击中快速恢复经济正增长的国家，在本土新型冠状病毒感染防控中取得重大战略成果，交通物流逐步恢复至疫情前水平，上下努力稳住了国际贸易企业和就业基本盘，居民消费水平也在稳步回升。国内商业大环境相对国外更稳定，更能规避国与国贸易摩擦风险。

2. 充分利用行业性平台和共享经济

广大中小国际贸易企业可以考虑利用行业性平台和共享经济壮大和发展自己，尽量避免大厂掠夺。借力能提供定制化解决方案的人才共享平台，如猪八戒网，按项目聘请员工，利用轻量化的模式减轻资金周转压力，同时不会因缺乏专业人才而错过可能的业务机会。利用面向众多创业者开放的平台，如海尔的海创会，减少中间环节和降低交易成本，高效找到自己需要的服务，同时也能成为服务的提供者。随着加入平台的国际贸易企业不断增加，平台网络效应得以释放，最终形成企业和平台相互促进、多方共赢的共享经济模式。

对于国际贸易企业来说，数字化转型已不再是可选项，而是必选项，是进入数字化时代的“入场券”。只有经过数字化转型，企业才能进化成适应数字化时代的新物种。利用新技术、贯彻新理念、建立新组织和培养新人才，成为外贸企业未来进化道路上的必然选择。那么如何进行数字化转型呢？国际贸易企业数字化转型需要内外兼修，对外需要加快采购供应、研发设计、生产制造、营销销售、售后服务等全价值链的数字化转型，对内则需加快思维、组织、运营、文化和人才的数字化转型，做到内外联动、循序渐进、全员参与，充分发挥网络协同和数据智能的价值，实现数字化蜕变。

第五节　构建促进新技术发展的国际经贸新规则

新技术及其应用正改变着国际分工和国际贸易模式，而现有多边贸易体制以工业经济为基础，因而难以适应“以数字促进贸易”的数字经济条件下经济全球化发展的新阶段。在多双边贸易领域促进国际经贸形成新规则既是新技术形成国际贸易新模式的需要，又是构建以数字经济为基础的新一代国际经贸规则的需要。进入 21 世纪以来，以计算机、通信技术等为核心的新数字技术成为数字革命的核心技术，以数字促进贸易是继运输革命推动传统贸易（最终品贸易）、工业革命推动全球价值链贸易（投资和中间品贸易）是新一轮经济全球化的主要表现形式。

在 19 世纪中叶，随着电报技术的成熟，全球通信时间已经大幅度地缩短，欧洲和北美之间的通信时间从 10 天缩短到几分钟。19 世纪末，美国、英国、法国和德国已经用电报在欧洲和北美洲之间建立了全球第一个电报通信网络。以蒸汽船和铁路为代表的运输革命和以电报为代表的信息通信革命，都极大地降低了海运和陆运成本，缩短了通信时间，促使生产和消费的分离，导致全球化的“第一次松绑”，结束了生产地必须接近消费者的时代，促使贸易从区域内向区域间扩展的转变。国际贸易得到快速增长，这一时期，全球各个地区按照比较优势从事生产和贸易，尽管该时期电报缩短了通信时间，但是和今天的互联网技术相比，仍然有很多局限性，这一时期的贸易局限于最终品之间的交易，这一过程一直延续到 20 世纪中叶。这一阶段被称为“运输技术推动的传统贸易阶段”，该阶段国际经贸规则的核心是市场准入的放开，主要体现为关税的降低，这样推动了关税及贸易总协定的达成。

20世纪中叶以后，随着卫星、光纤电缆和其他电信技术的发明并普及应用，信息通信成本快速下降，从伦敦到纽约的3分钟电话费用1930年约为250美元①，现在花费仅为2美分，如果使用网络电话费用为零。②信息通信技术的快速发展结束了之前整个生产环节必须积聚在附近的时代，导致了全球化的“第二次松绑”，使得生产环节分拆后能够根据其地理分布进行协调。总之，越来越多的生产过程能够通过全球供应链、世界工厂等途径实现管理，促使跨国公司将生产的各个环节分拆转移到世界上最具有成本效益的地方。

进入21世纪，互联网成为新的商业形态，基于计算、通信和信息处理的数字技术降低了共享信息的成本，促进全球进入超联结时代，特别是出现了需要通过跨境数据传输来完成的贸易，改变了国际贸易的可交易性，同时出现了货物和服务捆绑销售的贸易新模式等。当下世界正进入数字经济时代，正影响着国际经贸新规则。

计算技术、通信技术和信息处理技术三股强大的技术力量结合在一起，共同推动数字技术的快速发展，即摩尔定律、吉尔德定律和信息数字化。在硬件方面，数字技术所需要的硬件主要是由知识库机、推理机和智能接口等组成，其中知识库机是指具有大容量的知识存储机构和高速检索机构，推理机主要是指根据存储的知识进行判断、推理，智能接口主要用于处理文字、声音、图像等信息。在软件方面，这时期的软件不再只是为了控制仪器或者执行某些工作程序而编写，也不只被嵌入产品和生产系统，而是产品和服务借助互联网和其他网络服务，形成信息物理融合系统。在计算技术上，算法技术是数字技术的核心，其中算法是指为了解决特定问题而规定的一系列操作，包括各类机器学习算法、深度学习算法等，还包括数值计算算法和搜索算法。

传统上，国际贸易的发生是由各国在劳动力、资本的基本经济要素禀赋以及相对生产率、地理、基础设施或制度因素等方面的差异引起的，而在数字经济时代，加入数据要素以后，对国际贸易产生了不同的影响。

第一，形成数字技术条件下的新一代货物贸易和服务贸易。工业经济下的货物贸易，工业企业根据市场需求组织生产，并通过不同产品特点选择销售渠道，

① 100美分等于1美元，1美元约等于7.2605人民币。

② 马骏，司晓，袁东明等．数字化转型与制度变革[M]．北京：中国发展出版社，2020.

各国根据比较优势形成国际分工和国际贸易。在数字经济条件下，数字技术改变了部分货物的制造流程，形成新的货物产品。如3D打印，改变了工业经济中的最终品和中间品的制造过程，通过数字参数在打印机上直接打印不同类型的货物。3D打印对传统产品是替代还是互补还有待进一步观察，但最近几年3D打印在医疗、航空等领域开始广泛运用。

数字技术对国际贸易的影响更大。一是贸易性质的变化。许多原来不可贸易的服务现在可以贸易了。二是贸易方式的变化。原来通过商业存在或者自然人流动需要的贸易现在可以通过跨境交付的方式进行。三是交付方式的转变。许多行业的跨境服务是免费的，但与其他行业的收费服务是紧密联系的，如为客户提供的信息搜索服务一般都是免费的，但为客户提供的广告服务是收费的，收费与客户的数量和质量有着密切的关系。

第二，数字技术改变国际贸易的要素成本，通过人工智能等使劳动力在比较优势中的相对重要性减弱，导致全球劳动力禀赋均等化，由劳动力禀赋差异驱动的贸易流将会枯竭。但是需要说明的是，这并不意味着劳动力完全被机器替代，拥有技术创新能力劳动力的国家将仍然具有比较优势，机器只是把人类从繁重的体力劳动中解脱出来，从而拥有时间和精力去学习具有高科技含量的技术。此外，在数字经济时代，国际市场规模，支持云计算的能源基础设施，个人隐私、数据保护和网络内容限制等，都将构成新的比较优势的决定因素，对国际贸易模式、贸易结构和贸易流向产生影响。

第三，数字技术以及相对应的数字基础设施影响全球价值链的分布。电子商务以及相关数字基础设施的发展使有些发展中国家可以跳过工业经济时代，直接进入数字经济时代，网上订购和交易成为新的商业模式，而不需要通过设立实体商业机构或者金融机构网络的形式。

数字技术形成国际贸易模式的变化必然对国际经贸规则提出了新的要求，以适应数字促进贸易下经济全球化的新要求。

第一，形成以数据跨境合法自由流动为核心的数字贸易规则。在数字经济下，数据跨境流动是国际贸易的最基本条件，因而无论在多边层面，还是双边层面，都需要建立起适合数字经济条件下的数字贸易基本规则。

第二，适应数字经济的现有国际经贸规则的深化。无论是货物贸易领域，还是服务贸易和知识产权等领域，都存在着新一代产品出现以后对应的国际经贸规则的重构。如 3D 打印需要对原产地规则和海关估价条款的深化。

第三，应用数字技术，实现规则的数字化措施。在货物监管制度、海关管理和贸易便利化等方面，都要采用数字技术实现风险控制、监管现代化和贸易便利化。如《贸易便利化协定》的目标就是要增加数字技术运用条款实现风险控制下的贸易便利化，因此贸易便利化协定的发展趋势就是数字化条件下的贸易便利化协定。

参考文献

[1] 项义军．国际贸易 [M]. 哈尔滨：黑龙江人民出版社，2010.

[2] 贾怀勤，孙全润．中国国际贸易统计研究 90 年纪念文集 [M]. 北京：对外经济贸易大学出版社，2021.

[3] 国务院发展研究中心对外经济研究部课题组．服务贸易：开放合作与创新发展 [M]. 北京：中国发展出版社，2020.

[4] 沈玉良，彭羽，陈历幸．全球数字贸易促进指数报告 2020 [M]. 上海：复旦大学出版社，2021.

[5] 章学拯，李医群．国际贸易电子化实务 [M]. 上海：格致出版社，2010.

[6] 吴兰．国际贸易实务项目化教程 [M]. 北京：北京理工大学出版社，2021.

[7] 徐磊．国际贸易理论与实务 [M]. 合肥：中国科学技术大学出版社，2020.

[8] 孟玫，章兴荣．印刷国际贸易理论与实务 [M]. 北京：印刷工业出版社，2006.

[9] 饶友玲．国际服务贸易理论、产业特征与贸易政策 [M]. 北京：对外经济贸易大学出版社，2005.

[10] 袁建新．国际贸易理论纵论 [M]. 苏州：苏州大学出版社，2016.

[11] 黄玉霞，胡飞．国际贸易实务课程思政教学改革新探 [J]. 对外经贸，2023（2）：124–127.

[12] 曹钧涵．国际贸易企业融资风险及管理对策 [J]. 现代商业，2023（3）：43–47.

[13] 韩嘉祥．数字经济推动国际贸易转型升级的策略研究 [J]. 中小企业管理与科技，2023（2）：150–152.

[14] 陈亚丽．电子商务发展为国际贸易带来的机遇与挑战分析[J]. 国际公关，2023（1）：13−15.
[15] 赵明霞．贸易便利化背景下高职国际贸易实务数字化课程改革路径研究[J]. 太原城市职业技术学院学报，2021（5）：131−133.
[16] 徐慧超，张曼芮，陆香怡等．数字化对于国际贸易发展及竞争格局的影响[J]. 调研世界，2022（6）：11−22.
[17] 施炳展，游安南．数字化政府与国际贸易[J]. 财贸经济，2021，42（7）：145−160.
[18] 范越英．中国企业数字化国际贸易战略[J]. 中国对外贸易，2000（12）：6.
[19] 余号，殷凤．国际数字平台、贸易约束与企业出口增长[J]. 世界经济研究，2023（4）：18−32；134.
[20] 章建方，李文武，包先雨．数字贸易国际标准化现状与发展趋势研究[J]. 中国标准化，2023（9）：41−47.
[21] 易明，郑佳琪，吕康妮．全球数字治理视域下数字贸易国际规则探究[J]. 对外经贸实务，2023（4）：10−14.
[22] 朱勤，刘　．数字贸易发展背景下跨境数据流动国际治理及我国的探索[J]. 科技管理研究，2023，43（7）：151−157.
[23] 王唯薇，冉春芳，陈智茂．数字贸易背景下国际经济与贸易专业新文科改革探析——以重庆科技学院为例[J]. 高教学刊，2023，9（12）：132−135.
[24] 陈雨．我国数字服务贸易国际竞争力及其影响因素研究[D]. 天津：天津商业大学，2022.
[25] 张思佳．制度距离对中国与“一带一路”沿线国家双边贸易的影响研究[D]. 长春：吉林大学，2022.
[26] 刘宇欣．国际贸易格局的重构特征及演变路径分析[D]. 成都：西南财经大学，2022.
[27] 何佳晨．贸易伙伴国数字化水平对中国文化产品出口的影响研究[D]. 上海：上海外国语大学，2022.

[28] 徐玮 . 普惠金融对国际贸易的影响研究 [D]. 上海：上海财经大学，2022.
[29] 闫瑜 . 国际贸易协定中有关跨境数据流动的例外条款研究 [D]. 上海：华东政法大学，2022.
[30] 殷露 . 我国数字化水平对高技术产业出口贸易的影响研究 [D]. 镇江：江苏大学，2022.